Eduard Sievers

Oxforder Benedictinerregel

Eduard Sievers

Oxforder Benedictinerregel

ISBN/EAN: 9783744619264

Hergestellt in Europa, USA, Kanada, Australien, Japan

Cover: Foto ©Lupo / pixelio.de

Weitere Bücher finden Sie auf **www.hansebooks.com**

VERZEICHNIS
DER
DOCTOREN
WELCHE
DIE PHILOSOPHISCHE FACULTÄT
DER
KÖNIGLICH WÜRTTEMBERGISCHEN EBERHARD-KARLS-UNIVERSITÄT
IN TÜBINGEN
IM DECANATSJAHRE 1886 1887
ERNANNT HAT.

BEIGEFÜGT IST EINE ABHANDLUNG:

OXFORDER BENEDICTINERREGEL
HERAUSGEGEBEN
VON
DR. EDUARD SIEVERS
ORDENTLICHEM PROFESSOR DER GERMANISCHEN PHILOLOGIE

TÜBINGEN
L. FR. FUES'sche BUCHDRUCKEREI
(FUES & KOSTENBADER)
1887.

Unter dem Decanat des Professors Dr. Eduard SIEVERS 1886/1887 wurden unter 43 Bewerbern folgende 28 zu Doctoren der Philosophie ernannt:

1886

Friedrich CHRISTOPH aus Regensburg	13. Mai.
Friedrich HEFTI aus Bempflingen	13. Mai.
Karl BOHNENBERGER aus Riedbach	27. Mai.
Heinrich SAVELSBERG aus Aachen	27. Mai.
Ernst KAPFF aus Sanct-Gallen	8. Juli.
Martin HOPPE aus Collmen	22. Juli.
Richard GRAUPE aus Reinickendorf	22. Juli.
Karl Heinrich GROTZ aus Münsingen	29. Juli.
Ernest CHATELANAT aus Begnins	29. Juli.
Karl Josef SPÄTH aus Aulendorf	7. August.
Friedrich PARET aus Möckmühl	12. August.
Maximilian SCHNEPF aus Rohrenfels	12. August.
Heinrich ADAMS aus Göppingen	12. August.
Otto KÖHLER aus Ringelheim	13. August.
Theodor SAARMANN aus Hoerde	2. December.
Johannes KASELITZ aus Hornburg	2. December.
Georg ABEGG aus Rüppur	16. December.
Ernst WETZSTEIN aus Damascus	16. December.
Karl KIESER aus Winnenden	16. December.

1887

Nicolaos G. Philippides aus Milorista . . . . 3. Januar.
Bernhard Haering aus Bubsheim . . . . 13. Januar.
Friedrich Lauer aus Schussenried . . . . 13. Januar.
Eduard Teichmann aus Niederorschel . . . . 17. Februar.
Josef Roth aus Steinbach . . . . 3. März.
Max Ziegler aus Stuttgart . . . . 3. März.
Hugo Richter aus Stuttgart . . . . 3. März.
Hermann Losch aus Murrhardt . . . . 15. März.
Wilhelm Wendlandt aus Tranquebar . . . . 21. März.

Erneuert wurden die vor fünfzig Jahren erteilten Doctordiplome den Herren Gustav Weil in Heidelberg am 1. Juli 1886, Gustav Pfizer in Stuttgart und Adolph Poppe in Würzburg am 11. Juli 1886, Jacob Auerbach in Frankfurt a/M. am 21. Juli 1886, Eduard Zeller in Berlin am 25. August 1886. — Honoris causa wurde zum Dr. philos. ernannt der Baron Antonio Manno in Turin, am 23. Juli 1886.

OXFORDER BENEDICTINERREGEL

HERAUSGEGEBEN

VON

EDUARD SIEVERS.

Der Sammelband Cod. Laud. Misc. 237 der Bodleiana zu Oxford, der sich aus Stücken des zwölften bis vierzehnten Jahrhunderts zusammensetzt, enthält als ersten Abschnitt die nachfolgend mitgeteilte Bearbeitung der Benedictinerregel für Nonnenklöster. Den gesammten Inhalt des Codex verzeichnet H. Coxe, Catalogus codicum manuscriptorum bibliothecae Bodleianae II, 1 (Oxonii 1858), 200 ff. An Deutschem enthält die Handschrift ausser unserm Texte, der von einer Hand des vierzehnten Jahrhunderts geschrieben ist, nur noch den in Müllenhoff und Scherer's Denkmälern[2] 626 gedruckten Judeneid [1]), und auf den Rändern von Blatt 205^b und 219^b—222^a Bruchstücke verschiedener, teils sachlich, teils alphabetisch geordneter lateinisch-deutscher Vocabularien. Von allen diesen Stücken habe ich im Winter 1870 Abschrift genommen [2]).

In dem folgenden Abdruck ist die handschriftliche Lesung im allgemeinen getreu wiedergegeben, bis auf die stillschweigends durchgeführte Regelung der u und v, i und j sowie der Interpunction, und die Hinzufügung der im Originale mangelnden Capitelzahlen am Rande. Alle andern Abweichungen sind ausdrücklich verzeichnet. Meist betreffen dieselben Störungen des Sinnes, doch habe ich zur Bequemlichkeit des Lesers auch hie und da orthographische Eigentümlichkeiten, die auf den ersten Blick einen lästigen Anstoss bieten könnten, in die Noten verwiesen, natürlich ohne sie dadurch als 'Fehler' bezeichnen zu wollen. Fetter Druck deutet Rotschrift an, aufgelöste Abkürzungen sind durch Cursivschrift ausgezeichnet. Ganze Wörter in Cursiv sind von mir ergänzt.

Unsere Bearbeitung gibt die Regel nicht in ihrem ganzen Umfang wieder. Von den Capiteln 8—19, welche von den Bestandteilen, der Einteilung und der Zeit des Chorgebetes handeln, ist nur das allgemeiner gehaltene Capitel 16 aufgenommen (vgl. J. B. Troxler im Geschichtsfreund XXXIX, 7 über Ähn-

---

1) In den Denkmälern[2] 625 f. versetzt Scherer die Laudsche Handschriftensammlung irrig nach London.
2) Aus dieser stammen auch die Citate bei Lexer Bd. II f. (Ebenda II, v ist im Quellenverzeichnis 'cod. Lund.' in 'cod. Laud.' zu bessern).

liches in der Engelberger Regel und sonst). Ausserdem fehlen, als für Nonnenklöster nicht geeignet, die Capitel 1: De generibus monachorum, 60: De sacerdotibus qui in monasterio habitare voluerint, und 62: De sacerdotibus monasterii. Capitel 37 erscheint, nicht einmal durch einen grossen Anfangsbuchstaben ausgezeichnet, als Anhang zu Capitel 36.

Die Uebersetzung ist ziemlich ungelenk und häufig schleppend. Es mag auch hier eine alte interlineare Uebersetzung zu Grunde liegen (vgl. Schönbach in den Wiener Sitzungsberichten XCVIII, 973. 977). Ob unser Text direct nach dem Lateinischen gearbeitet ist, oder etwa eine Umarbeitung einer älteren deutschen Fassung für Mönchsklöster darstellt, wird sich schwerlich entscheiden lassen. Auf das einmalige *munche* 22, 14 hin möchte ich jedenfalls die letztere Ansicht nicht bestimmt vertreten. Sicherlich aber ist unsere Handschrift nicht Original; darauf deuten die ziemlich zahlreichen Fehler, welche sich nur durch Verlesen einer schriftlichen Vorlage erklären lassen, namentlich die mehrfachen *wan die* für *wande* 26, 11. 36, 26. 37, 4, oder *des bozen* für *der buzen* 6, 14, *worte der heilgen* für *vorte der hellen* 8, 1, oder *bygen* für *augen* 30, 28, wo die Vorlage doch wol die Form *oygen* darbot. Ebenso auch das Nebeneinander verschiedener Dialektformen, wie *vorten* und *vochten* für 'fürchten', das in einem Original nicht wol denkbar ist.

Nähere Beziehungen zu den sonst bekannten Verdeutschungen der Regel fehlen; dergleichen directe Hinweise auf den Ursprung unseres Textes. Doch lässt sich derselbe mit ziemlicher Sicherheit feststellen.

Eine Durchsicht des Verzeichnisses der Laud'schen Handschriften ergibt, dass wesentlich drei deutsche Orte zu dem Bestande der Sammlung beigesteuert haben: Würzburg, Mainz und Eberbach (jetzt Erbach) im Rheingau [1]); vereinzelt begegnen ausserdem Worms (Misc. 519), Nürnberg

---

1) Aus Würzburg stammen laut handschriftlichen Vermerken die Codices Lat. 41. 42. 92. 96. 100. 101. 115. Misc. 92. 96. 120. 124. 126. 135. 139. 256. 271. 275. 341. 425. 638. Das Karthäuserkloster auf dem Michelsberg bei Mainz hat geliefert die Nummern Lat. 23—25. 29. 30. 37 (zweite Hälfte). 40. 110. Misc. 22. 32. 41. 44. 68. 69 (erste Hälfte). 75. 80. 81. 87. 103. 113. 116. 142. 173. 179. 181. 183—186. 189—192. 195. 203. 208. 221. 224. 227. 228. 312. 313. 317. 318—320. 323—325. 348. 352. 369. 378. 380. 386. 387. 390. 400. 405. 408. 410. 411. 456. 472. 473. 477. 478. 530. 540. 555. 574. 584. 629 (erste Hälfte). 650. 677. 738 (zusammen 85). Als erbachisch sind beglaubigt die Codices Lat. 14. 20. 27. 32. 37 (erste Hälfte). 47. 97. 105. 107. Misc. 69 (zweite Hälfte). 72. 88. 89. 102. 107. 125. 130. 132. 133. 137. 141. 143. 146. 147. 150. 158. 220. 230. 234. 236. 251. 265. 278. 287. 293. 294. 307. 346. 350. 377. 379. 396. 430. 431. 437. 462. 502. 510. 541. 561. 562. 604. 629 (zweite Hälfte). 721. 727. 736, zusammen 56 Nummern.

(Misc. 199), Engelszell (Misc. 175. 272), Pöhlde (Misc. 633). Von diesen können aus sprachlichen Gründen nur Mainz und Eberbach in Betracht kommen; allenfalls Worms, doch wäre auch dies für den Dialekt unserer Handschrift wol etwas zu südlich. Wiederum verbietet sich die Anknüpfung einer Nonnenregel an das Mainzer Karthäuserkloster von selbst, da Karthäuserinnen in Deutschland nicht vorkommen. Dagegen stimmt alles vortrefflich bei der altberühmten Cistercienserabtei Eberbach, die seit der Mitte des dreizehnten Jahrhunderts an zwanzig Frauenklöster unter ihrer Oberaufsicht vereinigte: Altemünster, Weissenfrauen, S. Agnesen, Marien-Dalheim in und bei Mainz, Gottesthal, Aulenhausen oder Marienhausen und Tiefenthal im Rheingau, Gnadenthal im Unterlahngau, Marienmünster bei Worms, Marienkron, Rosenthal, S. Johann, Sion, Comeda, Katharinenthal bei Kreuznach, Weydas und Deynbach in der Pfalz [1]).

Ueber die Wegführung der ungemein reichhaltigen Klosterbibliothek von Eberbach im dreissigjährigen Krieg sind wir durch die Mitteilungen unterrichtet, welche S. Widmann in den Annalen für nassauische Altertumskunde und Geschichtsforschung XVII (1882), 2, 31 aus Pater Bär's handschriftlicher Abtschronik gegeben hat. Glücklicherweise aber besitzen wir noch ein älteres wertvolles Zeugnis über den Bestand der Sammlung. Das als Oculus memoriae bekannte Copialbuch von Eberbach enthält in seinem zweiten Teile ein ausführliches Verzeichnis der Handschriften, welches im Jahr 1502 unter Abt Martin Rifflinck von Boppard aufgenommen ist (K. Rossel, Urkundenbuch der Abtei Eberbach I, Wiesbaden 1862, S. VII; vgl. auch S. Widmann a. a. O.). Dank der Liberalität der Direction des Königlichen Staatsarchivs zu Wiesbaden, welchem der zweite Teil des Oculus memoriae jetzt angehört, ist es mir möglich gewesen, dieses Verzeichnis hier genau durchzugehen. Dasselbe umfasst nicht weniger als 753 Nummern. Die Handschriften waren in zwei Säle verteilt [2]), eine *libraria maior* und eine *libraria minor*. Innerhalb jedes

---

1) Der Liste von H. Bär, Diplomatische Geschichte der Abtei Eberbach im Rheingau II (Wiesbaden 1858), 155 habe ich oben das Kloster Gnadenthal eingefügt auf Grund der im Anhange abgedruckten Eberbacher Visitationsurkunde über dies Kloster vom Jahre 1458, welche in dem aus Eberbach stammenden Cod. Laud. Misc. 132 eingeheftet ist. G. Jongelin, Notitia abbatiarum ordinis Cisterciensis II, 42 ff. nennt ausserdem noch 'Vallis Angelorum iuxta Ingelheim . . . et alia plura quae ad notitiam meam nondum devenerunt.' Genaueres wird wol erst der zweite Theil von L. Janauschek's Origines Cistercienses bringen (ebenda I, 21 die Literatur über Eberbach bis zum Jahre 1877).

2) Rossel gibt a. a. O. irrtümlich an, das Verzeichnis enthalte Blatt 107–111 die 'Bibliotheca',

Saales waren die Handschriften sachlich geordnet, ihre Plätze durch Buchstaben und Ziffern (*A*1, *A*2 etc.) bezeichnet. Die grössere Bücherei enthielt 504 Handschriften, verteilt auf 24 Ordines (die Buchstaben *A* bis *Z* und ein am Schluss angefügtes Zeichen, das etwa wie ein nach links gekehrtes *F* aussieht); die kleinere ist im Verzeichnis nur mit 8 Ordines *(A—H)* vertreten. Das Register selbst bricht am Schlusse von *H* mitten auf einer Spalte ab ohne irgend ein Schlusszeichen, und es folgt noch ein leeres Blatt. Es ist also wol möglich, dass das Verzeichnis nicht vollständig ist. Ob S. Widmann, der am angeführten Orte das Register schlechthin 'unvollendet geblieben' nennt, für diese Ansicht noch andere Gründe gehabt hat, weiss ich nicht.

Unsere Regel findet sich nun freilich in dem Verzeichnis nicht. Das darf aber auch nicht Wunder nehmen. Abgesehen davon, dass eine Nonnenregel, wenn auch in Eberbach entstanden, doch schwerlich zu dauernder Aufbewahrung in der Bibliothek niedergelegt worden wäre, fehlt in dem Verzeichnis auch jeder Nachweis über vorhandene Exemplare des lateinischen Originals, welches das Kloster doch besessen haben muss. Stücke, welche wie die Ordensregel zum täglichen Hausgebrauch bestimmt waren, werden eben in Eberbach so wenig wie anderswo den für das gelehrte Studium bestimmten Bücherschätzen eingereiht worden sein.

Dagegen ist ein grosser Teil des übrigen Inhaltes unserer Handschrift, die bereits oben als Sammelband bezeichnet wurde, in dem Eberbacher Catalog vertreten. No. 2, ein E l u c i d a r i u s, erscheint, freilich ohne die folgenden kleineren Stücke 3—5, unter S 11 der grösseren Bücherei als *Lucidarius*. *Initium: Sepius rogatus a condiscipulis*. Ferner finden wir No. 6, Excerpte aus den Vitae patrum, als T 6: *Excerpta de vitas patrum. Item omelia Innocentii pape ad religiosos et quedam alia. Initium: Interrogavit quidam abbatem'*. No. 7—11, welche nach dem Oxforder Catalog einen ursprünglich

---

Bl. 111—113 'Libri diversarum facultatum'. Der wahre Sachverhalt ergibt sich aus den beiden Ueberschriften Bl. 107 und 111ᵛ. Die erstere lautet: Libri diversarum facultatum una cum diversis tractatibus sanctorum eximiorumque doctorum sicut infra offendes ordinati et locati sunt in liberaria maiori, secundum ordinem alphabeti numero cifare cuilibet apici adiecto, industria exactoque labore devotorum et religiosorum fratrum Nicolai de Altavilla supprioris et Johannis de Sancto Goare cappellani abbatis, artium liberalium determinatorii, tempore regiminis reverendi in Christo patris et domini, domini Martini dicti Rifflinck de Bopardia, huius monasterii Ebbirbacensis abbatis numero vicesimi quarti, anno salutis millesimo quingentesimo secundo. Laus deo, ast eius genetrici haut nec advocatisse Katherineque. amen. Die zweite lautet wörtlich ebenso, nur dass es statt *liberaria maiori* nun *liberaria minori* heisst und die Namen der beiden Bearbeiter fortgelassen sind.

selbständigen Teil des Bandes bilden (es sind die Blätter 168—202), vermag ich in dem Eberbacher Catalog nicht nachzuweisen. Dagegen waren die Stücke 12—14, des Johannicius Isagoge in Galeni artem minorem, Hippocrates' Aphorismen und Prognosticorum liber, in gleicher Reihenfolge auch in Eberbach vorhanden. Die Handschrift P 21 enthielt *Isagoge Johannicii tegni Galieni. Item commentum vale* (?) *super tegni. Item liber amphorismorum. Item regimentum acutorum. Item commentum pronosticorum. Initium: Medicina dividitur.* No. 15, Theophili Protospatharii de urinarum differentia liber, fehlt wieder, könnte aber leicht in einem der andern medicinischen Codices enthalten gewesen sein, deren die Ordines P und Q der liberaria maior eine ganze Anzahl enthalten, z. B. P 3 *Ysagogici Johannici tegni Galieni et quedam alia medicinalia. Initium: Medicina dividitur in duas partes,* oder P 5: *Liber medicinarum. Initium: Incipiunt p'sagoge* (?) *Johannicii,* oder Q 8: *Breviarium medicine. Initium: Quicquid ait Tullius.* No. 16, eine Brandanlegende, kehrt wieder in der Handschrift G 22 der kleineren Bibliothek: *Gesta Barlaam et Josaphat. Item navigatio sancti Brandani. Item Hilarius de fide. Item (Iter* Hs.) *liber Hilarii ad Constantinum imperatorem. Initium: Cum cepissent monasteria.* Das letzte Stück endlich, De inventione capitis sancti Johannis Baptistae, kann ich wieder nicht nachweisen.

Dass die hier als übereinstimmend hervorgehobenen Stücke identisch gewesen, lässt sich natürlich nicht behaupten. Der Oxforder Catalog zerlegt die Handschrift in 4 einst getrennte Stücke, deren zweites den Handschriften S 11 und T 16 entsprechen müsste, während das vierte den Hauptinhalt von P 21 und ein vereinzeltes Stück des Inhaltes von G 22 der kleineren Bibliothek darbietet. In der Oxforder Handschrift erscheint also untrennbar vereinigt, was in Eberbach getrennt war, und ebenso findet sich in den einzelnen Abschnitten resp. Handschriften ein Mehr des Inhalts bald auf der einen, bald auf der andern Seite. Immerhin bleibt das Zusammentreffen so vieler Stücke auffallend. Insbesondere möchte ich dabei nochmals die gleiche Reihenfolge der medicinischen Schriften 12—14 betonen. Einen Zusammenhang irgend welcher Art wird man also nicht ableugnen mögen. Derselbe kann freilich verschiedener Art gewesen sein. Ich sehe dabei ab von der angedeuteten Möglichkeit, dass der Bestand der kleineren Bibliothek nur unvollständig aufgezeichnet ist, denn ich halte es nicht gerade für wahrscheinlich, dass z. B. neben den 5 Exemplaren der Isagoge des Johannicius, welche der Eberbacher

Catalog in der grösseren Bibliothek aufweist (Handschrift P 3, P 5, P 18, P 21, Q 7), ein der Handschrift P 21 wesentlich gleiches Exemplar auch noch in der kleinen Bibliothek vorhanden gewesen sei. Vielmehr möchte ich eher glauben, dass unsere Handschrift Doubletten enthielt, welche dem Kloster, für welches die Nonnenregel bestimmt war, zum Gebrauche überlassen waren und später, nach dem Entstehungsjahre des Eberbacher Catalogs, in den Besitz von Eberbach zurückgelangten. Es ist mir diese an sich gewiss nicht allzu nahe liegende Annahme deswegen glaublicher, weil eine andere Handschrift der Sammlung ein gleiches Geschick gehabt zu haben scheint, die bereits oben S. V erwähnte Handschrift Misc. 132, welche Augustin's Enarratio in Psalmos CXVIII—CXXXIII enthält, und offenbar mit dem Codex B 11 der kleineren Bibliothek identisch ist. Dieselbe trägt auf Bl. 1ª die Aufschrift *Liber sancte Marie virginis in Everbach. Concessus sanctimonialibus in Dalen* (nicht *concessis* und *in Duley*, wie Coxe druckt). Die Handschrift war also mindestens zeitweilig im Besitz des Klosters Dalheim (oben S. v), und doch erscheint sie mit den übrigen Eberbacher Handschriften in Oxford. Soll man nun annehmen, dass auch die Bibliothek des Dalheimer Klosters gleichzeitig mit der von Eberbach und der des Karthäuserklosters geplündert worden ist? Möglich ist das gewiss, aber die andere Annahme scheint doch näher zu liegen. Entscheiden würde sich die Frage eher, wenn das Alter jener Aufschrift feststünde. Denn aus dem Umstande, dass der Handschrift eine für Gnadenthal, nicht Dalheim, bestimmte Eberbacher Urkunde von 1458 vorgebunden ist, muss doch (vorausgesetzt dass diese Vereinigung von Urkunde und Handschrift alt ist) geschlossen werden, dass sie nach jener Zeit noch oder wieder in Eberbach war und dass sie dort mindestens bis zum Jahre 1502 verblieb, wo sie in den Eberbacher Catalog aufgenommen wurde. Aber leider gibt weder Coxe etwas über diesen Punkt an, noch habe ich mir selbst seiner Zeit darüber eine Notiz gemacht. Hier wird, wie bezüglich des Codex 237, erst eine erneute Untersuchung ein sichereres Urteil gestatten. Für die Frage nach der Herkunft unserer Regel ist es übrigens ziemlich gleichgültig, wie die Handschrift in den Besitz des Erzbischofs Laud gekommen ist, wenn einmal die Beziehung zu Eberbach feststeht oder sich wahrscheinlich machen lässt.

Auch darüber, wie und wann die vier Stücke der Handschrift 237 zusammengekommen sind, wird sich kaum etwas Genaueres ermitteln lassen. Der dritte Abschnitt, dessen Inhalt sich in der Eberbacher Bibliothek nicht nachweisen lässt, könnte allenfalls erst in England eingefügt sein. Denn ganz gewöhnlich sind ursprünglich getrennte Handschriften jetzt in der Laud'schen Sammlung zusammengebunden. So enthält der Codex Lat. 20 die Handschriften D 37 und A 15 der kleineren, Lat. 107 die Handschriften A 5 der kleineren und D 6 der grösseren, Misc. 88 die Handschriften D 24 der kleineren und H 14 der grösseren Bibliothek, u. s. w. Ja es fehlt nicht an Beispielen, dass Eberbacher Handschriften mit solchen aus dem Mainzer Karthäuserkloster vereinigt sind (Lat. 37. Misc. 69. 629).

Ich halte es hiernach für sehr wahrscheinlich, dass unsere Übersetzung auf Eberbach oder doch auf den mit diesem verbundenen Kreis von Frauenklöstern zurückgeht. Nur wird man aus sprachlichen Gründen die südlicheren von diesen wieder ausschliessen müssen. Soweit sich überhaupt hier Grenzen ziehen lassen, trägt unser Text das Gepräge der Sprache des südlichen und mittleren Nassau.

Eines der charakteristischesten Wörter unseres Textes ist das Wort oder. Neben dieser häufig belegten schriftdeutschen Form stehen weiterhin *aber* 4, 24. 38, 1, *abe* 32, 22. 35, 6. 37, 25, *obe* 8, 1. 17, 14. 19, 3. 24, 18. 25, 3 (2). 10 (2). 33, 16. 34, 6. 11. 35, 1. 7. 36, 22. 39, 3. 4. 7. 25, *ob* 33, 5. 35, 7. 36, 29 (2). 37, 9. 19. 27. 38, 13. 25. 39, 25 (2), *obir* 2, 13, *ober* 3, 28 (2). 15, 8 (2). 17, 21. 24, 2. 25, 8 (2). 9 (3). 29, 20. 35, 25. Von diesen sind *abe*, *ob*, *obe*, *ober*, *obir* meines Wissens bisher nicht nachgewiesen. Sie sind auch urkundlich sehr selten und mir nur in Nassau und der Wetterau begegnet. Ein *obir* neben mehreren *obe* zeigt eine katzenellenbogische Urkunde von 1318 bei Wenck I, 141 (hernach herscht in Katzenellenbogen das schriftdeutsche *oder*); ein *obe* eine vermutlich in Runkel a. Lahn ausgestellte Urkunde Heinrich's von Westerburg bei J. G. Lehmann, Geschichte der Dynasten von Westerburg (Wiesbaden 1866), S. 119; viermal steht *ob* in einer Westerburger Urkunde von 1331 bei Günther III, 171. Ausserdem finde ich noch *obir* in Giessen-Marburg, Wyss, Hess. Urk. II, 664, und in Schiffenburg bei Giessen, ib. II, 394. Im nördlicheren Nassau und linksrheinisch finden sich von entsprechenden Formen bekanntlich nur *ove* und *of* resp. *ave* und *af*.

Ein weiteres Hauptkennzeichen der Mundart der Regel ist das Fehlen des r in der Gruppe rht, die hier durch *vochte* und Ableitungen vertreten ist: *vocht* 13, 15. 17, *vochte*, *-en* 13, 16. 31. 25, 21. 27, 27. 34, 30. 35, 10. 37, 10. 38, 15; *vochlicheme* 13, 7; *vochten* 7, 7. 16, 3. 39, 17, *fuchten* 27, 1, *vochtent* 5, 35. 10, 7. 36, 24, *vochtende* 18, 1; daneben, vermutlich aus der Vorlage übernommen, Formen mit *rt*: 2, 20. 5, 30. 6, 15. 8, 1. 10. 10, 3. 13, 13. 35, 23. Der Ausfall des *r* erstreckt sich, soweit die Urkunden dies erkennen lassen, über die Wetterau bis nach Hessen hinein, südlich über den Rheingau nach Rheinhessen. Der nordwestlichste Punkt den ich nachweisen kann, ist Westerburg: *Bchte* Baur I, 560 (mit einem späten *focht* in Bacharach [1558] Weist. II, 225 mein einziges Zeugnis für Nassau, vom Rheingau abgesehen), der nordöstlichste Kirchhain bei Marburg: *Bechtholis* Wyss II, 906, *Bchtmanshusen* ib. 946. Für Schiffenburg bei Giessen belegen *ferwoith* Wyss II, 741, *virwochte*, *virwocht* ib. 668, in die Alsfelder Gegend führt *Bchtolt von Merlaüwe* ib. 979 (*Bechte von Mirlauwe* Baur I, 1091); nach der Gegend von Büdingen *Bechtuld von Eschbach*, *foicht* Weist. III, 432; vgl. ferner *Bechtolt* Langenselbold Weist. III, 418, *Bechtol* Ettersheim bei Flörsheim ib. I, 558. Der äusserste Punkt nach Osten scheint Rieneck bei Gemünden am Main zu sein: *Bechtolff*, *Bechtelt* Weist. III, 518. Der südlichste Punkt auf hessischem Gebiet [1]) ist Bechtheim (östlich von Alzei) Baur III, 1363. 1454. V, 294. 522, *Behteim* II, 742, *Bechtem* IV, 28 (früher *Berchtheim*, z. B. Baur II, 714. 744. 797, *Beriheim* II, 747. III, 987). Nicht viel nördlicher liegt Bechtolsheim, ursprünglich *Berhtoldisheim*; *r*-lose Formen in mannigfaltigster Orthographie findet man z. B. bei Baur I, 362, Note. 686. II, 658. 755. 761. 921. III, 1051. 1067. 1083. 1100. 1126. 1199. 1254. 1268. 1363. 1396. Weitere Belege für Rheinhessen: *Begtolfi* Baur II, 893, *Be(c)htolf* etc. ib. III, 1158. 1219. 1302. 1313. 1412. V, 385. 436. 440, *Betholf* III, 1294, *Bechtolfen* Frey und Remling, Urkundenbuch von Otterburg 320. 458, *Bechtoldus* etc. Baur III, 1062. V, 393. 474, *Bechte* V, 473; *Behtdrade* V, 368, vgl. auch *Heinrici dicti Sartwoche*, d. h. *Sarwochte* Baur II, 784. Für Oberhessen: *Be(c)hte* Baur I, 560. 944. 981. 1020. 1027. 1034. 1070, *Be(c)htold* etc. I, 519. 854. 883 (vgl. Wenck I, 220. II, 317). 886. 926. 1027. 1107. 1135. V, 462, *Bechdult* I, 907, *Bechtuld* I, 1016, *Beth(t)old* I, 637, *Bechtram(es)* I, 1040. V, 274, *Betram(e)* I, 816. 984, *Bethrath* I, 769, *Bechtraid* I, 910. Für Eltville zeugt die Familie *Bechtelmünz*, Bodmann, Rheing. Alt. 134 ff., für Eberbach selbst Baur III, 1219, wahrscheinlich auch noch 1168. 1302. Im Starkenburgischen fehlen dagegen Belege für die Formen ohne *r* fast ganz. Die Urkunde Baur I, 657 mit *Bechtoldo de Rauensburg* ist wol von einem Wormser

---

1) Weiter nach Süden habe ich die Erscheinung nicht verfolgt, da die südlicheren Gebiete für meine Zwecke nicht in Betracht kommen. Das Speyerer Urkundenbuch kennt nur *Berhtoll* etc., keinen *Bechtoll*, doch scheint diese Form in Niederelsass wieder aufzutreten.

Schreiber geschrieben; dagegen finden wir einen *Bechtolten Leysten* im Weistum vom Landsberg bei Heppenheim, Weist. I, 469. Im Gebiet des Moselfränkischen habe ich nur ein isoliertes *focht* im Weistum von Rimsbach bei Merzig a. Saar gefunden, Weist. III, 750 [1]).

Von den durch diese beiden Eigentümlichkeiten abgegrenzten Gebieten sind nun die Wetterau und Rheinhessen, letzteres mit Ausnahme des Streifens unmittelbar südlich vom Rhein, wieder auszuschliessen. Diese Gebiete kennen für *sehen, geschehen, jehen* etc. nur die Contractionsformen *sên, geschên, jên*, nicht aber *sien, geschien, gien*, welche die BR. mit den nördlicheren mittelfränkischen Dialekten gemein hat: *sien, sin* etc. 2, 1. 10. 10, 11. 13, 19. 22, 2. 23, 28. 26, 26. 37, 24. 25, *geschic* 6, 23. 23, 18. 38, 20, *geschin* 23, 20, *gescin* 33, 30; *begien* 10, 17 neben *begene* 12, 10, *sehen* 22, 8 und stets *zehen* 40, 18, *zehende* 12, 28, *czenden* 26, 21 neben *zegene* 14, 24 statt des zu erwartenden *zien* 'zehn' [2]). Es bleibt also wieder nur das südlichere Nassau übrig. Für Eberbach ist *sihen* durch Baur III, 1103 belegt.

Neben schriftdeutschem *mit* 1, 3. 2, 8. 9 etc. erscheint dialektisches *bit* nicht selten: 1, 4. 5, 10. 8, 7 etc. Für *biz* 3, 20. 14, 25 etc. steht einmal noch unverschobenes *bit* 34, 28 und einmal *mit* 22, 21. Letzteres ist besonders beachtenswert. Als eberbachisch ist es in der Gnadenthaler Visitationsurkunde 41, 8. 12. 22. 43, 7. 11. 20 neben *bit* 42, 13. 43, 26 belegt; sonst finde ich es nur noch in der Lebensbeschreibung Ludwigs III von Arnsburg, Nass. Arch. XVIII, 255 (vgl. ein linksrheinisches *mis* a. 1327 bei Höfer II, 121).

Von Einzelheiten hebe ich noch hervor die Einschiebung des *g* in *ziegen* 'ziehen' 27, 19, *zegene* 'zehn' 14, 24 (vgl. *rugen* 'ruhen' 26, 5; über *funfzegisten* 38, 16 s. die Anm. zur Stelle); dazu urkundlich *ziege* unten 41, 10. 24, *zugit* 'zieht' Baur III, 1219; Praet. *lachte* 16, 25, Part. *gelacht* 24, 23 = *gelacht* Baur III, 1219; Part. *gesatzit* 3, 12. 13. 25. 4, 21 etc. oft (neben *gesatzt* 10, 2. 26,17 etc., *gesatz* 15, 19) = *gesatzit* Baur I, 543 (die Form ist auch sonst in der Mainzer Gegend nicht selten).

Zu dem durch diese Einzelerwägungen gewonnenen Resultate stimmt

---

1) Keiner der Urkundenbelege ist älter als der Anfang des 14. Jahrhunderts. In der Literatur aber sind die Belege für den Verlust des *r* bereits früher vorhanden (Deutsches Wb. IV, 695. Lexer III, 469 f. 600. Weinhold [2] S. 210). Sie beginnen mit *vohte* in den alten Tundalusfragmenten und erstrecken sich über die wetterauische Elisabeth und Erlösung, verschiedene Frankfurter Schriftstücke, Eberhard Windeck's Spottgedicht von den Mainzer Unruhen, endlich den Morolt (worüber demnächst vielleicht Näheres an einem andern Orte).

2) *seit* 'sieht' 17,6 halte ich für blossen Schreibfehler, und habe desswegen auch *beiget* 12, 8 in *begiet* und nicht in *begeit* corrigiert.

B*

vollständig die Stellung des Denkmals in Bezug auf den Stand der Lautverschiebung.

Auslautendes b bleibt oder wird zu *p*: *lob* 2, 23, *lib* 7, 7, *urlaub* 9, 4, *werkwib* 31, 3, *ob* 'ob' 1, 17 u. o., 'oder' oben S. IX; *irhup* 9, 21, *orlaup* 23, 17, *grupheide* 30, 7, *lipnarungen* 27, 14. Inlautend finden sich einige *v*: *gehevet* 6, 8, *streven* 6, 12, *inleven* 8, 14, *selven* 37, 21. In- und auslautendes *v*, *f* wird nie durch *b* vertreten, was in den Eberbacher Urkunden allerdings bisweilen der Fall ist: *zwivel* 5, 28 etc., *duvel* 16, 4 etc., *brive* 33, 29, *bysschove* 35, 6, *brife* 29, 23. 33, 1, *geprufet* 17, 17, *brief* 32, 17. 19, *brif* 18, 27.

P erscheint unverschoben im Anlaut (18, 8. 17. 20, 16. 22, 21 f. 24, 8. 29, 12. 30, 18) und in der Gemination (11, 4. 13, 26. 22. 9. 31, 17. 37, 9. 39, 28); nur das Fremdwort *opfern* schwankt zwischen *pp* (27, 21. 32, 31. 33, 2. 11) und *pf* (27, 17. 33, 5. 11). Ferner steht unverschobenes *p* durchweg in *scharp* und Ableitungen, 3, 13. 5, 1. 16, 28. 17, 23. 31, 25. 38, 11. Auch dies ist völlig correct und keine Ausnahme von der Lautverschiebung. Denn wie die oberdeutsche Form *scharpf* zeigt, liegt ein Stamm *skarppo-* zu Grunde. In der Elisabeth 1915 reimt *scharp: erstarp* (Rieger S. 32). An urkundlichen Belegen führe ich an *Scharpenstein* bei Kiedrich, Rossel 6. 70. 90 etc. (28mal gegen vier *Scarphenstein* 155. 158. 160. 252; die drei ersten Urkunden in dem früh durch hochdeutsche Einflüsse berührten Mainz ausgestellt); ferner Baur I, 8. 29. 412. 538. 596. 620 650. III, 1065. 1111. 1149. 1357. 1369, Note. 1377. 1418. 1436. 1507. 1564. IV, 178. V, 411. 453, dagegen *Scharphenstein* I, 583 (die Urkunde ist von einem Notar *Fridericus dictus Ebernandus clericus Constantiensis* ausgestellt und zeigt auch sonst südlichere Sprachformen) und ähnlich in Mainzer Urkunden I, 497. II, 285. III, 1153. V, 38; vgl. auch I, 980 Note. Ferner *Scharppinecke* (Frankfurt) Böhmer 767 [1]); *Scherpelin*, Richter in Mainz, Höfer 183. Rossel 722. 772. Baur II, 707 etc. III, 928 etc. (sehr oft; ich habe 50 Belege notiert, welche bei weitem nicht erschöpfen; einmal erscheint der Name unverändert sogar in einer Speyrer Urkunde, Hilgard 253, 22); ferner *scharprichter* Berncastel Weist. IV, 749. Ebenso werden natürlich auf rheinfränkischem und hessischem Gebiet auch die übrigen hochdeutschen *rpf* = germ. *rpp*

---

1) Dagegen haben *Scharfenberg* bei Annweiler und *Scharfeneck* bei Dernbach (Bergzabern) durchgehends *f* oder *ph* (vgl. die Belege bei Hilgard, Urkunden zur Geschichte der Stadt Speyer S. 545, ferner Baur I, 182. II, 22. V, 276 resp. I, 65. 66. 74. 209), liegen also südlich der Verschiebungsgrenze. Nur in Urkunden, die weiter nördlich ausgestellt sind, wird bisweilen das *p* eingeführt, vgl. z. B. Baur III, 961. 1324. Günther III, 528.

behandelt: *Conrad* (*Kunce* etc.) *Karpe* Wyss II, 786. 795. Baur I, 833. V, 484; *Hancmanni dicti Karpe* Baur I, 373, *Nicolao dicto Karpe* Baur III, 1041, Note; *Harpern gultsmedes* Wyss II, 849 [1]), *Erpesfort* Rossel 24, *Henne Erpe* Weist. III, 422, *Henrich von Erpe* Günther III, 322, *Erpilsheim* Baur II, 787 (dagegen *Peter Erpfe, Erphe* in einer Urkunde von Babenhausen, Baur I, 700, die auch anlautend *ph* hat, und *Erphe von Wingarten* bei Germersheim, Hilgard S. 562); vgl. ferner *Sygele dictus Schirpe* Wyss II, 745, *Heinrich Schirppe* Lehmann a. a. O. S. 202, auch wetterauisch (16 Jahrh.) *scharp, schlörpt* im Arch. f. hess. Gesch. XV, 382. 387.

Sehr auffällig sind zwei anlautende *j* für **g**: *iude* = mhd. *guote* 4, 11 (welches vielleicht nach dem vorhergehenden *iungersen* verschrieben ist, da die Handschrift solche Fehler oft macht) und *icreut* 35, 21; denn eine Anknüpfung an die Gebiete welche jetzt *j* bieten (Wenker, Sprachatlas I, 1) ist unmöglich. Urkundlich finde ich nur viel nördlicher in der Gegend von Maxsayn ein solches *j* in *iode* = *guote* Höfer II, 158.

Ausfall von inlautendem g in *gescuit* 16, 7, *mede* 33, 1. 8, *kestiungen* 15, 17, fast regelmässig in *gein* nebst Ableitungen (Ausnahmen 13, 28. 33, 3), und von ch in *notdurfteclic*, letzteres ebenso Erweichung des *ch* voraussetzend, wie die häufige Anwendung des *g* in mehrsilbigen Formen von *welch*, wie 28, 11. 34, 14. 36, 24 etc. [2]). Inlautend *ch* für *g* nur in *unmaniche* 12, 33, *-echen* 13, 1, *-che* 31, 19; auslautend auch fast nur in Adjectiven auf *-ic*: 6, 13 (2). 10, 13. 11, 8. 13, 7. 9. 15, 9. 18, 1. 37, 13, neben *-ig*: 10, 27. 11, 16. 12, 20, 13, 6 etc., und *-ic*: 10, 5 (?), 18, 12. 35, 5. 7. 37, 1. Sonst noch *ch* in *trachkeit* 3, 19 und *mach* 14, 23. Auslautend *c, k* für *g* sonst nur nach *n*: 3, 26. 9, 16. 19. 10, 16. 14, 4. 18, 2. 14. 19, 3. 23, 26. 33, 29 (daneben auch *-ng*: 4, 10. 10, 30. 16, 24 etc.). Fest ist *k* für g+h in den Ableitungen auf *-ekeit* (nur 2mal *-igheid* 24, 3. 39, 23, *-echeide* 38, 2) und *c* für *g* in *i(e)clich* 4, 23. 29. 5, 17 etc. und den Adjectivis auf *-eclich*: 3, 12. 7, 2. 12, 32. 20, 21. 27, 2. 12 etc. Etwas besonders Charakteristisches liegt hierin nicht; das ge-

---

1) Als zweifelhaft lasse ich bei Seite den Namen *Harpelo* Baur I, 483. 589, *Harpele* I, 982, *Herpelo* III, 1041, Note (vgl. auch *Herppen von Veckinheim* I, 982); *Herpeln, -ele* Weist. I, 482. III, 451: denn obwol ein Frauenname *Harpfa* bei Dronke belegt ist (Förstemann I, 636), so ist doch *Harpelo* vielleicht Deminutiv zu *Hartberaht* (vgl. auch *Harpirshusen, -er* Baur I, 589 mit *Harppcrathusin* I, 579).

2) Diese Erweichung besteht noch jetzt wenigstens in einem Teile der sprachverwanten Gebiete. In Niederhessen herscht nicht nur inlautendes *j* in den Adjectiven auf *-lich* (also *-lije* etc.), sondern auch nach *l* und *r* : *welje, kirje, lerje* = *welche, kirche, lerche* etc.

sammte Gebiet des Moselfränkischen zeigt etwa gleiches Verhalten (vgl. namentlich auch das siebenbürgische *iklijěnr* Beitr. XII, 156). Erst auf ripuarischem Boden erscheint auch vor *h* und *l* die Spirans als Regel.

Für auslautendes k steht *g* in *strig* 11, 31, *rog* 30, 5 (vgl. *gestregteme* 28, 23), *starg* 5, 14, *werg* 12, 14, 27, 6; *ch* in *werch* 8, 9, *nach* 32, 8.

Abgesehen von *bit*, *mit* (oben S. XI) und einem *dat* 9, 8 ist germ. t ganz verschoben wie gemeinhochdeutsch. Auffälligerweise kein *dit*, nur *diz* 20, 12. Fest bleibt natürlich wie auf dem ganzen Gebiet auch des Rhein- und Mittelfränkischen germ. *t* in fällen wie *winters* 30, 5, *bitter-* 4, 32. 39, 9, *gelutert* 11, 30. 31, *bespottet* 32, 13, *matte* 30, 20, und wo es für altes *ht* steht, in *vorte*, *vorten* 'Furcht, fürchten' oben S. IX f. [1]), und den flectierten Formen von *ambet* 23, 15. 25, 9. 27, 3 etc. Ebenso meist das *t* der Fremdwörter die nach der Lautverschiebung aufgenommen sind: *getemperet* 3, 29, vgl. 22, 27. 35, 30, *tercien* 26, 20, *tafole* 19, 3; *prophete* 2, 13 etc., *completen* 13, 23 etc., *nature* 3, 7, *convente* 14, 9, *elter(e)* 32, 17. 33, 2, *seltere* 40, 28, *porten* (*-ersen*) 37, 5. 7; *metten(en)* 13, 22. 24. 20, 9 Ueberschr. Schwanken hier nur in *eppeten* 35, 6 und einmaligem *aptissen* 15, 18 neben gewöhnlichem *ebdisse(n)* 4, 10 u. o., *predigadyn* 2, 24 und *arzides* 16, 12, *gearzediet* 17, 4 neben *arcetisse* 17, 3. — Vertretung von anlautendem germ. *tr* durch *dr* fehlt: *trene(n)* 7, 14. 14, 8. 28, 10, *getruwen* 10, 27. 21, 21. 22, 8. 30, 4, *getroste* 38, 6, *trege* 18, 1. 27, 4. 40, 6.

Germ. thw erscheint auch hier fest als *tw*: *twingen* 5, 8. 26, 9. 37, 13, *getwanc* 3, 14. 21, 4, *twelen* 19, 26, *twan* 20, 2. 29, 5.

Genaueres Eingehen verlangt die Behandlung des germ. d, da dessen Verschiebung im Rheinfränkischen und den Nachbarmundarten bisher in einem Punkte nicht genau genug dargestellt worden ist.

Anlautendes d vor Vocalen ist nie verschoben; die Gruppe dr schwankt zwischen *dr-*, wie 16, 21. 18, 5. 22. 20, 1. 21. 22, 14. 24, 19. 33, 14. 23. 37, 2. 39, 8, und *tr-*: *betruben* etc. 17, 26. 18, 18 f. 34, 3. 36, 3. 38, 10, *betrogen* 33, 9.

---

1) Höchst sonderbar setzt Roediger im Anz. f. d. Altert. I, 83 den Reim *forhten: porten* im Vorauer Alexander 210, 25 in die Formen *forden: porden* um, offenbar nach dem bewährten Recept: hochdeutsch *t* = niederrhein. *d*. Auch *sadde* für *satte* ebenda S. 82 (bei dem sich Roediger doch schwerlich auf die trügerische Orthographie des Trierer Psalters gestützt hat) ist eine für einen Germanisten recht merkwürdige Form. Ob nicht auch mancher der Studenten, deren sich Roediger laut Anz. XI, 116 zur Aufführung seiner kritischen Opferfeste bedient, über derartige Stücklein sein Haupt schütteln würde?

Geminiertes d wird, wie bis an die Grenze des Ripuarischen überhaupt, stets verschoben: *dritte* 11, 15. 21, 24. 26. 32, 19, *bette* 14, 21. 15, 15 26, 6. 30, 18, *mitternach* 13, 25. Das *dd* unseres Textes wie ähnlicher Denkmäler steht nur für einfaches *d*. Wie *sidde* 17, 26, *midde* 20, 22. 28, 7. 31, 12, *bedden* 'beten' 18, 22. 31, 18, *bedde* Subst. 32, 15. 33, 11, *veddere* 39, 7. 28. 40, 24 ist natürlich auch *bidden* 5, 1. 18, 22. 21, 7 zu beurteilen, d. h. es entspricht dem hochd. *biten*, nicht dem hochd. *bitten*.

Inlautendes d von Stammsilben [1]) ist nach Vocalen und *l* nur ausnahmsweise verschoben, nach *n* niemals. Zur Bezeichnung des verschobenen Lautes dient meist *t*: *ziten* 1, 9. 8, 15, *rate* 6, 19, *noten* 6, 26, *verbieten* 9, 11, *muterliche* 34, 18, *gote(s)* 1, 20. 8, 25, *gebute* 10, 5; *otmudkeite* 7, 32; *milte* 2, 8, *behalten* 16, 4; seltener *th*: *fluthe* 2, 28, *gebethet* 16, 17, *gebothe* 15, 10; endlich *td*, abgesehen von *fritdag* 22, 24 nur in nebentonigen Silben: *swermutdigen* 6, 26, *otmutde* etc. 8, 30. 9, 20. 29 (2). 12, 18. Für *leitere* 9, 25. 29, *leiternbeume* 9, 31 wird man auf die zu Grunde liegende Gruppe *dr* zurückgreifen, d. h. die durchgehende Verschiebung dem Einfluss des *r* zuschreiben müssen. Nicht hierher gehören *ziteliche* etc. 25, 17. 29, 10. 36, 1 (*zitheliche* 26, 7) und *guteliehen* 33, 21. Hier stehen die *t* eigentlich im Silbenauslaut und das in der Schrift eingeschobene *e* ändert daran nichts (vgl. noch *geisteliche(n)* 7, 25. 27, 22. 32, 28, *unverdruszeliche* 7, 26, *zucbteliche(n)* 34, 15. 38, 16 und überhaupt die auf dem Gesammtgebiete des Moselfränkischen häufigen *ikelich*, *gehenkenisse* u. dgl.).

In stärkerem Masse ist das d der schwachen Praeterita und Participia verändert. Neben -*ede* 8, 3. 30. 11, 29. 13, 16. 24. 28, 23. 34, 9. 35, 20 stehen *inspannete* 9, 21, *geneugetim* 13, 5, *lobete* 13, 20, *irbarmete* 16, 25, *deilite* 19, 20; neben *virsmedin* 4, 7 steht *waten* 2, 28. In den synkopierten Formen steht ausser einem isolierten *sande* 8, 17 stets *t*: *bekanten* 2, 24, *sante* 11, 14, *vorzaltes* 4, 16; ferner *irvertin* 1, 16, *horte(n)* 3, 4. 7, 29. 35, 33, *genedirtin* 13, 8. Die letztere Regel gilt für die gesammte Urkundenmasse des Hessischen und des Fränkischen bis zur ripuarischen Grenze, und Ausnahmen sind höchst selten. Da aber die Gedichte oft Reime wie *kande*, *sande: lande*; *bescheinde: geinde* 'Gegend' bieten (vgl. Rieger, Elisabeth S. 33), und später Formen wie *zalte* auch in Ripuarien auftreten [2]), so wird es frag-

---

1) Ueber die von den Grammatikern wenig beachtete Notwendigkeit der Scheidung zwischen Stamm- und Ableitungssilben s. Rieger, Elisabeth S. 33.

2) Nur muss man da sicher einen grossen Teil der zahllosen *vorgenante* etc. ausnehmen, die

lich bleiben müssen, ob es sich nicht teilweise wenigstens mehr um eine Schreibgewohnheit handelt (die sich die zahlreichen Praeterita mit lautgesetzlichem *t* nach stimmlosen Consonanten zum Muster nahm), als um einen eigentlichen Verschiebungsact.

'Regelmässig ist dagegen die Gruppe rd verschoben, ausser in (nur schwach) nebentonigen Silben. Die Belege sind: *worte* etc. 1, 20. 4, 12. 13. 5, 7 etc. (oft), *umgorten* 2, 9, *gegortet* 15, 1, *gorteln* 15, 1, *gurtel* 30, 23, *harte(n)* 5, 8. 31, 24. 38, 8, *(vollen)hirtin* etc. 3, 20. 11, 22. 15, 15. 16, 2. 31, 17. 26. 38, 5, *hirtin, -en* 5, 30. 16, 23, *herte(n)* 5, 18. 16, 26. 17, 13. 35, 28, *garten* 13, 4. 25, 9. 37, 14, *warten* 19, 5. 23, 4, *virte* 37, 21; *hartdis* 4, 13; *warthet* 2, 30. Ebenso im Compositum *orteil, urteil* 4, 1. 5. 5, 28. 30, und *ortdeil, urtdeil* etc. 6, 16. 7, 6. 27. 13, 7. 27. 15, 17. 18, 9. 34, 5. 37, 4. Ausnahmen nur *herden* 'Herde' 4, 4 und *hirderse(n)* 'Hirtin' 4, 2. In nebentonigen Silben herscht dagegen Schwanken. Regelmässig *t* hat *antworte* nebst Ableitungen, 2, 15. 30. 18, 16. 20, 3. 30, 11. 17. 32, 19. 37, 6. 8. 9. 11. 40, 15 (dazu *anwirthest* 2, 2), dagegen heisst es *wederwurdigen* 11, 20, *-ich* 15, 9, *wederwurdikeit* 11, 24, *geinwordich* etc. 10, 13. 13, 7. 24, 7. 32, 16. 33, 3 und nur je einmal *gegenwortig* 10, 27 und *gegenwurtdigen* 9, 24.

Der hier an einem Beispiele belegte und für die Classificierung der fränkischen Mundarten höchst bedeutungsvolle Verschiebungsact scheint von den Gelehrten die sich in neuerer Zeit mit der Erforschung dieser Mundarten eingehender beschäftigt haben, nicht bemerkt worden zu sein. Weder bei Weinhold, noch bei Müllenhoff, Braune, Heinzel, Busch finde ich einen Hinweis darauf, obschon bereits im Jahre 1868 Rieger a. a. O. die betreffende Regel für die Elisabet erkannt und angedeutet hatte [1]). Die Verschiebung von *rd* zu *rt* aber ist ein gemeinsames Merkmal aller 'chattischen' Mundarten im Gegensatz zu den 'ripuarischen', welche das *rd* beibehalten. Es wird eine

---

zwar in unsern Urkundendrucken zu finden sind, aber den Originalen gewiss nicht angehören. Ich kann wenigstens nicht glauben, dass cölnische Schreiber z. B. in ein und derselben Urkunde ad libitum zwischen *vurgenoimde* und *vurgenante* abwechseln, wie das in den Urkundenbüchern oft genug der Fall ist, sondern sehe in den letzteren Formen lediglich falsche Auflösungen der so gewöhnlichen Abkürzung *vurg̅* seitens der Herausgeber.

[1]) Er sagt: '*d* . . . wird . . . für hochdeutsches *t* gebraucht . . . im Inlaut nach *l* und *n*, denen tönender Vocal vorausgeht, und nach tönenden Vocalen selbst', schliesst also die Gruppe *rd* bewusst aus. Neuerdings ist dann dieser Punkt von A. Wyss gestreift worden, der in der Einleitung zu seiner Ausgabe der Limburger Chronik (1883) S. 19 sagt '*t* steht gern nach *r*, z. B. *antworten, genwortig, orte, worte, huiswertes, garte, geborten*'.

Hauptaufgabe für die Specialforschung sein müssen, die Nordgrenze (oder genauer Nordwestgrenze) dieser Verschiebung festzustellen und die Reime der Dichtungen auf ihr Verhalten in dieser Beziehung zu untersuchen. Einiges Nähere hoffe ich bald in einer besondern Abhandlung bringen zu können [1]). Für den Augenblick will ich nur noch folgendes erwähnen.

Das Schwanken zwischen *rd* und *rt* in nebentoniger Silbe zeigt sich auf dem gesammten Verschiebungsgebiete, aber so, dass häufiger nur die Eigennamen (auf *-hart* und *-gart* besonders) unverschobenes *rd* aufweisen, wie ein Blick in eines der einschlägigen Urkundenbücher zeigen kann. Es hängt dies offenbar damit zusammen, dass nur die Eigennamen das zweite Glied regelmässig genug im Tone schwächten, während als Composita empfundene Wörter eher die Formen der Simplicia wahren. Doch findet sich *rd* auch im Süden des Gebietes in Nichteigennamen urkundlich belegt (vgl. z. B. *wyngardin, -is* Wyss II, 626, *geginwerdigen* Wyss II, 818 (2), *geinwerdig* II, 828) [2]).

Linksrheinisch scheint die Verschiebung etwa bis zu der 'Eifelgrenze' Wenker's und Nörrenberg's zu gehen, nur vielleicht nicht ganz so weit nördlich. In Andernach herscht noch *rt*, *geburte* Günther III, 6, *verantwerten* Lac. III, 162, ebenso auf der Linie Mayen *(genwůrtegin, boymgartyn, geburtin* Höfer II, 153) — Wittlich *(antwerten, geburte* Günther III, 352) — Trier (nur die älteste deutsche Urkunde von Trier vom Jahre 1248, Günther II, 126, hat *rd: antwerden, -et*, aber immerhin nur in nebentoniger Silbe; sonst steht *rt* fest). Dagegen haben bereits *rd* Sinzig *(geenwordichin, Gerharde, geburde* Höfer II, 114, *Gerharde, Buytscharde, vurwordin, geburde* ib. II, 115), Saffenberg-Neuenahr *(vurwardin, verantwerden, antwerdin, vurwerde* neben einmaligem *vurwarten* Günther III, 405), Ahrweiler *(geynwirdich, untgeinwerdich, geburde* 'gebührte', *Lumbarde, antwerde* Pract., *verordet* Günther III, 689 = Weist. II, 643), Prüm *(vurwerde, verantwerden, worden, rechtferdigen, antwurden, schwerden, urdell*, auch *dirde, derde* Weist. II, 515; die Ausnahmen *verantwurtten* und *wartten* werden der späten, bereits stark mit schriftdeutschen

---

1) Wenn dieselbe nicht durch demnächst zu erwartende Untersuchungen von Herrn John Meier in Freiburg, der eine Ausgabe der Iolanthe vorbereitet und, wie ich nachträglich erfahre, zu ähnlichen Resultaten gekommen ist, überflüssig gemacht wird.

2) In den Grenzgebieten habe ich alle Belege für unverschobenes *rd* angeführt, die sich in einer citierten Urkunde finden. Oft kann nur die relative Häufigkeit verschobener und nichtverschobener *rd* in Nebentonsilben entscheiden.

Elementen durchsetzten Abschrift zur Last fallen) und Marienthal bei Luxemburg (*Hardinbruch* J. van Werveke, Cartulaire du Prieuré de Marienthal I, Luxembourg 1885, S. 338, *Scherdenbrul* 345, *garden* 360, auch *herengarde* 312, *hargarden* 351, *wingarde(n)*, *roip-*, *ropegarden* 360, *Megonsongarde* 344, *steynevurde* etc. 327. 328. 329, *dyffurde* 330 u. s. w.). In dem Zwischengebiet weist Kempenich-Laach *genwortigen*, *geburte* neben *Reinarde* Günther III, 272, *geinwordich* ib. 513 auf, Burenzheim-Laach *vůrworthen*, *Irmegurte*, *Isenbarte*, *geburthe* neben *vůrwůrden*, *Gerarden* Höfer II, 66. Für Virnenburg lässt sich *urdel* Günther IV, 222 anführen. Verdächtig ist mir die Urkunde von Montreal Günther III, 402 mit *van worde zu worde* neben *hurten* 'hörten' und *antwerte*. Gewiss auszuschliessen ist ferner die Urkunde von Kuttenheim-Frauenkirchen bei Ochtendung Höfer II, 121 mit *verdeyl* und *geburde*; sie zeigt durchaus ripuarische Orthographie (vgl. auch *benoymdin*) und wird von einem Schreiber aus einem nördlicheren Gebiete geschrieben sein.

Rechtsrheinisch gehört Hammerstein am Rhein noch dem Verschiebungsgebiete an, könnte aber doch geschwankt haben: 1300 *geynwordigen* neben *wirte*, *wirten* Höfer I, 29; 1329 *vůrwordin* neben *vurwortin*, *vůrworte*, *geburte* ib. II, 131; 1337 *Gerarde*, -*des* neben *geburte* Günther III, 223, *worten* ib. III, 578, *wyngarten* ib. IV, 2 (alle *rd* doch nur in nebentonigen Silben). Der in Linz beschworene Burgfriede von Rennenberg (1270) hat dagegen nur *rd*: *wordin*, *vurwordin*, *dirde*, *dirdime* Höfer I, 8; vgl. ferner für Rennenberg *Hargardin* ib. II, 23. Nach Osten zu scheint die Grenze in der Nähe von Sayn, Braunsberg und Isenburg zu verlaufen. Die ältesten Urkunden von Sayn haben nur *rd*, z. B. 1272 *gesicherder*, *Gerardes*, *vorwurden*, *geburde* Höfer I, 9; 1283 *Gerarde*, *vorworden*, *keirde*, *Steinvorde*, *antwerden*, *geburde* ib. I, 12 (Lac. II, 786); 1284 *intgegenwordich*, *vorworden*, *Gerardes*, *Hardevust*, *geburde* ib. I, 13. Dagegen schwanken Braunsberg-Nothausen (1326 *geynwordichme*, *wingarte*, *bungarde*, *wingarde*, *geburte* Höfer II, 109, doch wieder nur in Nebentonsilben) und Isenburg (1334 *vurwortin*, *antwertin*, -*te*, -*din*, *geginwordigin* Günther III, 203, *geburde* ib. III, 468). Bei Maxsayn im Amt Selters herscht dagegen wieder *rt:* 1333 *geynwortigin*, *vurwortin*, *wortin*, *geburte* Höfer II, 158, ebenso in Westerburg: 1331 *geywortich*, *geburte* Günther III, 171. Weiter nach Nordosten habe ich die Grenze nicht genauer verfolgen können; sie wird sich vermutlich in der ihr auch sonst (wie den meisten Grenzlinien auf diesem Gebiet) eigenen

Richtung von SW. nach NO. fortziehen. Ganz Hessen gehört dem Verschiebungsgebiet an.

Ueber das Alter der Verschiebung kann ich eine bestimmte Meinung nicht aussprechen. Das Siebenbürgisch-Sächsische teilt sie mit den verwanten einheimischen Mundarten. Zu den von A. Scheiner, Beitr. XII, 146 verzeichneten *hirt, hært, vyurt, byurtn, guɔrtn* mit durchstehendem *t* kommen nach freundlicher Mitteilung desselben Gewährsmannes noch *ǣertiχ* artig, *fuɔrt* Fahrt, *fǣrtiχ* fertig, *girtl* Gürtel, *hart* hart, *yurt* Ort, *schviɔrt* Schwert, *virt* Wirt, *tsuɔrt* zart, daneben stehen freilich die Ausnahmen *vuɔrdn* warten, *schvuɔrdn* Schwarten (Dat. Pl.), *gɔbǣrdiχ* bärtig. Für den Rother ist der Eintritt der Verschiebung verbürgt durch den Reim *harte : marken* 4035, für Lamprecht's Alexander durch *harte : gewor(h)te* Vor. 705 neben *geburde : wurde* 67. 103 (an *wurte* mit Erhaltung des grammatischen Wechsels darf man wol für diese Zeit nicht mehr denken). Endlich sei noch angemerkt, dass auch in den Gebieten, welche altes *rth* und altes *rd* in *rd* graphisch zusammenfallen lassen und auf einander reimen, doch die Laute nicht ganz gleich gewesen sein können. Nördlich wie südlich der Verschiebungsgrenze wird altes *rth* später zu einfachem *r*, während das alte *d* erhalten bleibt; ripuarisch heisst es z. B. jetzt zwar *were, wäre* für *werden*, aber *ja(r)de, ga(r)de* für *garte(n)*.

Von sonstigen consonantischen Eigentümlichkeiten mögen, obwol sich für die genauere Localisierung unseres Denkmals daraus nichts besonderes ergibt, noch folgende erwähnt werden.

Abfall des t nach Spiranten: *lezes* 4, 8, *lezzes* 17, 5, *letzes* 40, 5, *notzes* 6, 15, *lichste* 30, 9 (vgl. auch *machs du* 31, 28. 32, 1. 40, 5), *gesatz* 15, 19; *vollebrach* 8, 7, *unrech* 11, 33. 12, 10. 17, 2, *vochlicheme* 13, 7, *nach* 13, 25, *nachstunden* 23, 7, *mach* 38, 3; *durf* 37, 15. Umgekehrt Anfügung in *solicht* 33, 23, *solichte* 27, 1, *ernestlichte* 39, 9.

Assimilation von nd zu nn und Vereinfachung zu n in unbetonter Stellung: *allerhanne* 18, 25, *wanne* 4, 10. 20, 22. 30. 25, 5, *wene* 34, 4. 38, 24; *revenere* 20, 6; Participia: *sitzenne, gande, stande* 13, 5, *murmellene* 15, 8, *swigene, sprechene* 24, 22, *clopene* 31, 17, *duldene* 11, 34; dazu wol auch *missedungen = missedünigen* 5, 4. Umgekehrt *nd* für *n*: *der bevollender schafe* 16, 19, *zu merende* 21, 28. Assimilation von mb zu mm in *umme* 8, 25. 16, 27 etc., *dumme* 5, 10. 12, 30, *gecrumet* 13, 11, einmal auch in *ammet* 18, 21 neben häufigem *ambet* 3, 25 etc. (13mal), *umbe* 16, 12, *bekumberet* 19, 20. 25. 23, 15, *dumb* 22, 7. Auch das Compositum *imbiz* schwankt zwischen *umbez* 22, 26 und *ummez* 23, 5.

Uebergang von hs in ss ist Regel: *waszene* 5, 4, *wassen* 36, 4, *weset* 36, 7, *assele* 16, 25, *ses* 23, 1, *seste* 12, 12 neben *sehes* 32, 3 und *wachsent* 36, 12. Ausfall des h in *vorte* etc. oben S. IX und stets in *it (id* 22, 12*), nit* ausser einem *zu nichte* 12, 15.

Vertretung von sch durch s: *beszauwet* 10, 10; *cusz* 14, 8, *cusliche* 39, 16, *fleisz* 16, 4, *menslich* 29, 1. 39, 16, *weszen* 20, 1, *wesene* 30, 12, *disse* 21, 5, *underzusen* 34, 35.

Andere Einzelheiten sind in den Anmerkungen berührt.

Der Vocalismus bietet keine grossen Besonderheiten dar. Ich mache demnach hier auch wieder nur auf das Wesentlichste aufmerksam.

Umlaut des kurzen a in *weszen* 20, 1, *wesene* 30, 12 'waschen', *echte* 'octavus' 26, 8 (neben *achte* 12, 22), *vesteldage* 23, 12 (die Form *vastel-* bei Lexer ist falsch); in der Flexion: *gedenke(n)* Pl. 3, 29. 7, 10 etc. (10mal), *grede* 13, 12; *gewelde* Dat. Sg. 19, 4. 29, 26. 36, 11; *-scheffe* 16, 9. 19 Überschr. 36, 17. 38, 9, *-schefte* 6, 10. 11, 16 neben *-schaffe* 3, 19. 23. 24, 13, *-schafte* 15, 14. 16, 1; *ledet* swv. 2, 8. 11. Ableitungen auf *-ig*: *deilheftig* 3, 21, *zweiveldiger* 4, 10, *manigfeldigen* 12, 27, *einfeldeclich(e)* 33, 11. 14, *senfteclichen* 12, 32, *geweldigen* 14, 4, *sorgsemig* 16, Überschr. neben *sebenfaldige* 13, 26, *sorgsamig* 31, 22, *sorghaftig* 10, 17; auf *-êre*: *scheplere* 30, 6, dazu auch *elter(e)* 'altar' 32, 17. 33, 2. Composita mit *-lich*: *unzellicher* 3, 18, *semenlich* 3, 22, *scherp(e)lich* 5, 1. 16, 28. 38, 11, *zugengelich* 5, 21, *degelich* 7, 8. 21. 11, 26. 21, 21. 24, 6, *anfenclich* 8, 17, *undenclich* 8, 25, *sperliche(n)* 22, 4. 16, *gemeglich* 37, 2. Ebenso Umlaut des langen â: *werliche* 7, 20. 26, 11, *gesweslicher* 15, 11 etc. Umlaut des ou, wofür in der Handschrift stets *au*, ist regelmässig durchgeführt, ausser in *verkaufene* 31, 8. 12 und natürlich vor *w*: *geleuben* Gen. Sg. 3, 18, *reufen* 5, 5, *zeugen* 2, 15. etc. (s. Anm. zu 2, 8), *verleukenen* 6, 28, *heubet* 11, 33. 13, 5. 24, 23. 28, 23. 30, 18. 36, 17, *irleuben* 20, 26. 21, 3. 31, 16. 19, *(un)freude(n)* 19, 22. 27, 18. 20. Pluralumlaut in *beume* 9, 31 (*dreume* Dat. Sg. 9, 26 ist wol Fehler). Dagegen *drauunge* 16, 21 und stets (*un-*)*frauwen* 1, 10. 2, 25, 26. 5, 19. 11, 18. 19, 13. 26, 10. 29, 27.

Brechungs-e ist fest, nur einmal *sint* 'sehnt' 27, 6. Für Umlauts-e meist *i* vor *r* + Consonant: (*vollen*)*hirtin,-hyrten* 3, 20. 11, 22. 15, 15. 16, 2. 31,

26, *kyrce* 14, 25, *mirken*, *myrken* 19, 11. 20, 19. 21, 2. 27, 8. 30, 24. 26. 33, 20. 34, 29. 35, 19. 36, 9. 39, 22, *virle* 37, 21, *antwirten* 2, 2. 30. 40, 15 (neben *antworten*, *antwurten*); doch auch *erbin* 3, 5, *merken* 10, 10. 14, 1, *vollenherten* 38, 5. Ferner vor *hs* > *ss*: *wyschet* 'wächst' 38, 10; vor *l* + Palatal in *wilich*, *wilch* 4, 27 etc. neben *welich*, *welch*.

Kurzes i weicht in offener Silbe vor einfachem stimmhaftem Consonanten oft in *e* aus: *weder* 1, 3 u. o. (ca. 24mal), *neder* 9, 28 u. ö. (10mal), *beden* 3, 8. 10, 21. 18, 22. 32, 20, *mede* 17, 17. 19, 21. 36, 15, *seden* 18, 26, *edwiz* 12, 20 (vgl. *idewiz* 2, 18); *geschreben* 5, 19. 11, 17, *seben(de)* 12, 17. 13, 20. 21. 24. 26, *gebet* 19, 6; *hemele* 9, 31, *nemet* 12, 1, *bevelet* 18, 16. 35, 26. Sonst nur noch einmal *messedat* 17, 16 und *sprechet* 8, 4. *U* für *i* steht fest in *ummer*, *nummer*, *suster*, *zuschen*; dazu *umbez* 22, 26, *ummez* 23, 5, *burnen* 14, 25.

Kurzes u, ü wird oft durch *o* vertreten: 1) vor einfachem stimmhaftem Consonanten: *moge(n)* 2, 12 etc. (ca. 17mal), *unmogeliches* 38, 1, *gehogen* 3, 23. 30. 5, 12. 35, 20, *dogende(n)*, *-t* 5, 2. 13, 16. 27, 9. 35, 30. 38, 21. 40, 2. 6, *cogele(n)* 30, 5 (2). 13. 15. 23; *obil* 2, 18 etc. (6mal), *gelobedes* 32, 3, *ober* 4, 8 etc.; *son* 5, 10, *comme* 24, 16, *frome(t)* 31, 5. 38, 6. 37, 15; *wil(t)core* 6, 7. 8, 13. 21. 28, 32, 6; dazu *wilcorde* 22, 10 (für -*corede*); *molen* 37, 14; — 2) vor alter Verschlussgeminata: *notze* 19, 24, *notzes* 6, 5, *coppele* 22, 9. — 3) vor *l* + Consonant: *scholt* 4, 2, *irvollen(e)* 13, 23. 18, 21; — 4) vor *r* + Consonant resp. silbenschliessendem *r*: oft in *gorten*, *antworte*, *-en*, *orteil*, *vorten* und *vochten*, *geinwordich* (s. unter *rd*); ferner *worczeln* 5, 5, *verworfit* 16, 22, *bedorfen* 21, 25, *notdorftikeit* 11, 14, *worm* 12, 19, *orlaube* 24, 9, *vor* etc. (gehört eigentlich wol zu No. 1); — 5) vor *ht* in *unzochtigen* 4, 33; endlich — 6) in *off* 3, 17 etc. neben ebenso häufigem *uff*, und in *sollen* neben *sullen*. Ausnahmsweise einmal *bevonden* 33, 9, vermutlich nur graphisch; vgl. Anm. zu 1, 2.

Für kurzes o steht *u* in *stultzheide* 9, 17 (neben *stoltz* 7, 14. 15, 8, *stoltzheide* 17, 2) und in *duchter(e)* 1, 9. 32, 31 neben gewöhnlichem *dochter*; ferner *a* regelmässig in *sal*, gelegentlich in *abe* 'ob' 8, 26. 9, 20. 15, 12. 21, 23. 22, 12. 24, 26. 28, 8. 31, 23. 25, *aber* 'ob' 32, 5. 6, neben häufigerem *obe*, *ob*; in *abe* 'oder' 32, 22. 35, 6. 37, 25, *aber* 'oder' 4, 24. 13, 4. 38, 1; sonst noch einmal in *becarunge* 28, 21.

Die langen Vocale und Diphthonge sind im Ganzen fest, wenn man von den bloss orthographischen Schwankungen in der Widergabe des alten *ie* durch *i* und *ie* (welches auch für altes *i* dient) und den wenigen *û* absieht. Für *ei* steht *e* in *mesteren* 9, 9, *kledere* 32, 29; ebenso selten für *ie*: *ve* 12, 16, *egelich* 14, 10, *gebediz* 24, 29, *gebede* 31, 8 (*stegende* 9, 27 ist wol nur Schreibfehler für *stigende*, obwol es zweimal steht). Entsprechend selten *o* für altes uo: *otmodigere* 4, 27, *obirhoren* 6, 22, und zweimal nach *v*: *gewogen* 28, 30, *gewoglich* 31, 21 (vgl. Anm. zu 1, 2). Endlich einmal *o* für *iu* in *gezogen* 18, 24. Ein *u* für *ô*: *trusten* 6, 27.

Hie beginnit die regele *sancte* Benedic*t*us unses vaders und unsers lieben herren.

Vernemet, liebe sustere, die gebot des meisters, neiget daz ore uers herzen zu der manungen des milden vaders und ¹) irwullit sie, daz ir zu dem weder kummet mit arbeide der gehoresamkeide von dem ir gescheiden sit bit tragheide der ungehorsamkeide ²). zu uch wirt gerichtet ³) min rede ir da virzigen hat ures eigene willen und dienen sollint deme heilgen Criste 5 dem waren kuninge und infangen hat die starke wafen der gehorsamkeide. zu aller ersten, waz wir begynnen gudes zu dune, bydet in mit stedeme gebede, daz ⁴) er an uch vollenbrenge, der uns ⁵) gewirdeget hat zu dune in die zale siner duchtere, daz er an keinen ziten von uren ubeln werken geunfrauwet werde, want uns ist ime alle zyt von allen sinen guden also zu 10 gehorsame daz er uns als ein irzurnet vader sine dochtere indrube noch als ein irzurniger herre sine bose dirnen uns insende nit zu der ewigen pinen, obe wir ime nit volgen inwollen zu der gnaden.

Durch daz sten wir ofen, vant die schrift wecket und sprichit 'iz ist zyt daz wir off sten von dem slafe'. Nu dun *wir* off uns augen zu dem 15 gotlichym lichte und horen mit irvertin *oren* waz uns die gotliche stymme ruffende manet und sprichit '*Hude* ob ir sin stimme horent, nit inbeswerent uwer herze' und ab*er* ⁶) 'der da hat oren zu horene der hore waz der geist der kristenheide sage'. waz sprichit er? 'kummet, lieben kint, horent mich, gotes worte sal ich uch leren. Nu laufent die wyle daz ir hant daz licht 20 dises libes, daz uch die vinsternisse nit inbegriffen. und unse herre suchet undir der menigen sinen wereman, deme er iz zu spreche 'wer ist der mensche

---

1) *Gewöhnlich* vñ, *daneben seltener* vnd, und *und* unde   2) ⸓ *übergeschrieben*   3) gerichet
4) *danach* hat *ausgestrichen*   5) sich   6) ab

der daz leben wil und geret ¹) zu sinc die gude dage?' und obe du diz horest und anwirthest 'daz bin ich', so sprichit dir got zu 'wilt du han daz ewige leben, so were dine zunge von ubele und dine lespen, daz sie inkeine loisheit insprechen. Abe kere dich von ubele und du daz gude, vordere den frieden
5 und folge im na, und als ir diz gedut, so sint min augen uber uch und min oren zu urem ²) gebede, unde ir mich anrufet, so sal ich gereit sin'. waz ist uns suszere, liebe ³) sustere, danne die stimme unsers herren der uns zu ime ledet? Er zeuget ⁴) uns mit siner miltekeide den weg des lebenes.

Durch daz umgorten wir unse lenden mit deme glauben und mit der
10 ubungen guder werke und varen sine vart, daz wir in muzzen sien der uns ledet in sin riche. wollen wir wonen in deme gezelde ⁵) sines riches, wir inmogen dar nit kummen dan mit guden werken. Nu fragen wir unsern herren mit deme propheten '*herre, wer sal wonen in dinem* gecelde, obir (1ᵇ) wer sal ruen in dime hoyn berge?' Nu vernement wir ⁶), liebe sustere, unsern
15 herren antwortende und uns zeuginde den weg sins geceldis und alsus sprechende 'wer dar in geit ane flekke ⁷) und wirket daz recht, der da sprichit die warheit in sime hertzen, der keine losheit inbegeit mit siner zungen, der kein obil nit indut sime ebenkristin, der kein idewiz nit ⁸) infint wieder sinen nesten, der den duvel mit aller siner obeler spanungen versmet und verwirfet
20 von der ansichte sins herzen, die got vortent und irhebent sich nit von irn guden werken, danne waz gudes an yn ist, daz bekennent sie unseme herren, der iz an yn wirkit, und lobent in mit deme propheten und sprechent 'Nit uns, herre, nit uns, wan gip dime namen lob und ere'. Alse sancte Paulus ime selbe nit inbekante ⁹) von siner predigadyn, dan er sprach 'von godes
25 gnadin bin ich waz so ich bin' und aber sprichit er 'wer sich frauwet, in gode frauwe sich'. Hinabe ¹⁰) sprichit unser herre in dem ewangelio 'Der min wort horet und dut sie, der is gelich eime wisen manne der sin hus cimmereth off dem steyne. Die fluthe quamen, die winde waten und stiszin an daz hus, und iz invil nit, wan iz waz gevesteget off den stein'. diz irwullit
30 got an uns und warthet aller degelich, wie wir sinen heilgen manungen antwirten mit unsen werken. Durch daz sint uns die dage dieses lybes zu vriste verlaszen und daz ubele zu lazzene, als der apostolus sprichet 'Nu

---

1) gerecht   2) vremede (*nach dem folgenden Wort verschrieben*)   3) liebe *doppelt*
4) zuget   5) gegezelde   6) vwir   7) fleckke, c *überpunktiert*   8) me; *oder lies* nie?
9) inbekanten   10) hin aber.

weistu ¹) nit daz godes gedult dich leidit zu beruwenisse ²), wan der milde herre er sprichet 'Ich inwil nit den dot des sunderes, wan daz er bekeret werde und lebe'. Nu wir gefraget han, liebe sustere, unsern herren, wer da wonen ³) solle in sime gecelde, nu horten ⁴) wir daz gebot der wonungen. und is daz wir irwullin daz ambit des buwes, so werden wir erbin des hymmelriches. durch daz bereiden wir unser herze und unsen lichame zu dinne den geboden der heilgen gehorsamkeide, und daz unse nature minre gedun mag, des bedet unsen herren daz er uns sine gnade zu helfe sende. und wollin wir flieen die pine der hellen und vollenkummen zu deme ewigen lebene, die wile wir die musze han und in disem libe wonen und alle zyt die stade han zu irwullende...., wie mir nu daz hie vollenbrengen daz uns eweclicke muge frumen. Durch daz ist uns gesatzit die regule des gotlichen dinstes, da uns nit scharpes, nit sweres an gesatzit inist: dan kummet dar ein wenig getwanges ane, alse daz recht gewiset durch bezerunge der sunden und durch behaldunge der minnen, des insollen wir nit uns so irveren daz wir flien den weg des heilgen, des mit eime eingen (2ª) anbeginne zu beginnene ist. Mit der vorderunge des lebenes, mit deme off gedame herzen des geleuben, mit der unzellicher suszekeide der minnen uns ist zu gane der weg des godes gebodes, daz wir von siner meisterschaffe nummer ingescheiden, daz wir an siner lerungen vollenhirtin in deme clostere biz an den dot, und also deilheftig sin mit unser gedult siner geduldekeide, daz wir auch sines riches semenlich werden muszen.

Du ebdisse ⁵) di da wirdig ist in deme clostere der meisterschaffe ⁶), II. sie sal ummer gehogen wie sie geheizen sy und sal irwullin den namen mit den werken, wande sie ist gesatzit zu begane daz ambet des heilgen Xpristes so lanc sie geheizin ⁷) ist mit sime namen, also der appostolus sprichit 'Ir hat infangen den geist der irwnsce der kinder, in deme wir rufen: abba vader'. Durch daz insal sie nit uber godes gebot leren ober setzen ⁸) ober gebiden, dan ir gebot und ir lerunge sal getemperet werden in den gedenken der jungersen alse ein hebesal des gotlichin rechtes. Si sal ummer gehogen daz sie ire lerungen und der jungersen gehorsamkeide rede geben sal in deme

---

1) wistu 2) berufenisse 3) wonende 4) horen 5) ebisse 6) me¹ster
7) geheiztin 8) seten (secen?)

freislichime godes orteile, und wisze auch daz, daz iz alliz gezalt wirt an die scholt der hirdersen waz der husherre minre nuzzes vinden mag an den schaffen. Aber also vil so si fliszes gekeret zu der ungeduldigen und zu der ungehorsamer herden, und also sie alle ir sorge gewendet zu irren
⁵ cranken werken, also ville sal sie ledig sin in deme godes urteile. so sal sie sprechin mit deme propheten 'Din recht inverbarg ich nit in mime ¹) hertzen, dine warheit und din heil sprach ich, und sie versmedin mich'. und dan zu lezes sal die pine des ewigen dodes gewalt *han* ²) ober die ungehorsam schaf.

¹⁰ Durch daz wanne etliche infing den namen der ebdissen, mit zweiveldiger lerungin sal sie vor wessin iren jungersen: alle jude ³) dinc und heilige dinc sal sie zeugin me mit irren werken dan mit den worten, daz sie de*n* vernumstigin godes gebot mit worten ⁴) vor lege, aber den ⁵) hartdis herze und den einveldigin mit den werken. und waz sie ir jungersen leret zu vermiden,
¹⁵ des insal sie selbe nit began, daz sie an ire lerungen berespet nit inwerde, noch daz got etwan zu ir nit spreche 'warumme vorzaltes du min recht und nimes min urkunde in dinen munt? Du hetzte die zucht und wurfe mine rede hindir dich, und du da sege in diner suster augen die agene, in dime seges du des balken nit?' Sine sal niche*in* underscheit han der sustere, daz
²⁰ sie eine me minne dan die andere, iz insi dye sie bezer vindet in guden werken und in gehorsamkeide. Die edele sal nit vor gesatzit werden den unedelne, iz insi mit redelichin sachen, und ist iz daz daz recht also gewiset und iz dye ebdissen (2ᵇ) gut dunkit, so mag sie iz wol dun. Ist iz aber anders, ir ieclich behalt ir stat: wande weder ⁶) sie eigen aber vri si, wir sin alle ein ⁷) in dem heilgen
²⁵ Criste und dragen gelichen einen dinest under eime herren, wan iz inist keine underscheidunge der menschen vor gode, dan in ein wis werden wir underscheiden vor ime: wilche underwunden wirt otmodigere und in bezzeren werken dan ein andere. Durch daz sal ein andere geliche minne sin under uns und eine zucht erboden ⁸) werden ieclicher na irre ⁹) wirdekeide.
³⁰ Die ebdisse sal ummer an irre lerunge die gewonheit des aposteln halden da er sprichit 'berespe, beide, schilt', daz ist daz sie undermengen sal die bittere wort pen senften. Sie sal zeugen irn grimmen willen als du meisteren, irn senften willen also du muder, und sal die unzochtigen und die ungedul-

1) mīne   2) gewant   3) iude *nach* iungersen *verschrieben?*   4) vorten (*nach dem folgenden Wort verschrieben?*)   5) din   6) werdent   7) allein   8) eboden   9) irme

digen scherpliche berespen, aber die gehorsamen und die geduldigen bidden, daz sie wrbaz varen in den dogenden. Aber die versumenden und die versmenden ¹) sal sie scheldin und kestigen. Sye insal auch nit intlichesen die sunden der missedungen, wan also schire so sie beginnent zu waszene, so sal sie sie uz reufen mit der worczeln so sie meist mag, und gehuge des frcisen ²) des pristeres von Sylo. Die gezogene und die vernumstige mude sal sie berespen mit worten eins und anderwerbe manende. Aber die harten und die stolzen und die ungehorsamen sal sie twingen mit slegen und mit kestigungen des libes an deme anbeginne der sunden, also do geschreben ist 'Die dumme inwirt nit mit worten bericht', und aber 'Slag dinen son bit der ruden und so salt du irlosen sine sele von dem dode.'

Dye ebdysse sal ummer gehogen waz sie ist und wie sie gehcizin ³) ist, und sal wiszen, deme do me bevolen wirt, von deme wirt me geischet. Sie sal auch daz bekennen, wie starg und wie ho ein dinc sie intfangen hat die selen zu berichtene und mangere siden zu dinene. Etliche sal sie berichten ⁴) mit senftekeide, etliche mit scheldene, etliche mit spanene, und na einer ⁵) iclicher gelegenheide und vernumstikeide sal sie sich in allen gebilden und gewugen, daz sie kein zugenisse der bevolenden herten indulde, wan ⁶) daz sie sich in ire mersalungen vrauwe. vor allen dingen so inversume ⁷) nit daz heil der selen die ir bevolen sint, Also daz sie mere sorge drage zu dissen ⁸) irdischen dingen die zugengelich sint, Dan sie denke ummer wie sie die selen infangen hat zu berichtene, vor die sie rede sal haben, und daz nit geschuldigit inwerde von der minneren ⁹) sachen, so gedenke waz da geschreben ist 'Zu aller erste suchet godes riche und sin recht, und alle disse dinc sollen uch zugewrffen werden', und aber 'Nit ingebrichit den die got vochtent'. (3a) Sie wizze auch daz die da infingit die selen zu berichtene, sie bereide sich auch vor sie rede zu gebene, und also grosze zale der sustere so sie under ir hat zu besorgene, also vil bekenne sich ane zwivel in deme urteilis dage gode ¹⁰) rede zu gebene vor ir allir selen und danne vor ir selbis sele, unde halt ummer vorte vor daz zucunftige urteile des obersten hirtin von den bevolenden schaffen: wan die wile sie angist hat vor die fremde, so sorget sie destu me vor sich selben, und die wile sie nutze ist den andern mit irre manungen ¹¹), so wirt sie selbin gebeszerct von irren sunden.

---

1) versmeden   2) frissen   3) geherzit   4) berichtene   5) nner   6) indulge von   7) inversumet   8) dischen (*nach dem folgenden Worte verschrieben*)   9) minnen   10) gude   11) manungen

III. Also ¹) dicke so it groszliches ist zu dune in deme clostere, die ebdisse zusamen lade alle die samenunge und kundige irren willen, und also sie gehoret der sustere rat, so kere irn gedanc darzu, und daz sie daz nutzeste dunkit, daz du. Durch daz sollen sie alle darzu geladet werden, wan dicke
5 got iroffenet der jungeren daz des notzes ist, und sollen alsus die sustere recht geben mit omuttekeide, noch insollen nit gedurren freveliche bescirmen daz sie gut dunkit, dan iz sal sten in der ebdissen wiltcore, und waz sie nutzeste dunket, des gehevet ire, wan also den jungersen geciemet zu gehorsamene der meistersen, also gezimet ir gewerliche und rethe alle dinc zu be-
10 sezene. Durch daz sollen sie alle in allen dingen nafolgen der meisterscheffe der regelen noch van ²) ir nummer gescheiden. Ir keine sal nafolgen irs eigenen herzen willen, noch ingedurre ³) frevelichen streven mit der ebdissen innewendich noch uszwendich des closters, und die ⁴) diz versumet, di sal underligen der buzen ⁵) al na der regelen. Aber die ebdissen sie sal iz allez
15 dun mit godes vorten ⁶) unde mit guten ⁷) der regeln, und wisze daz ane zwyvel daz sie von allen ieren urtdeilen gode deme richen dumere rede geben sal. waz aber minre sachen zu dune ist in deme clostere nutzeliche, des habbe ockert der altfrauwen rath, als da gescriben ist 'Alle dinc du mit rate, dar na inberuwet iz dich nit.'

IV.   **Von den guden werken.**

20   Zu aller ersten sal man got mynnen mit alme herzen, mit aller selen, mit aller crefte, dar na den nesten also sich selben. dar na nit irslan, nit obirhoren, nit stelen, kein fals urkunde sprechen. Ere alle menschen, und waz du wilt daz dir nit ingeschie, daz indu eime andern nit. Sin selbes sal man verleukenen und Kriste nafolgen. Den lychame kestigen, der geluste
25 nit gern, di ⁸) vaste minnen, den ⁹) armen laben, den nakethen cleiden, den sichen wisen, den doden begraben, zu allen noten helffin, den swermutdigen trusten, von werlichen dingen (3b) sich fremde machen, Godes mynnen nit versetzen, keinen zorn nit vollenbrengen, den zorn inkeine cit ¹⁰) behalden, Bosheit in deme herzen nit han, falsen frieden nit geben;
30 Die minne nit verlaszen, nit sweren, daz man sich nit inverswere, die

---

1) *kein Absatz.*   2) wan   3) noch insal ingedurne   4) obe die   5) uderligen des bozen   6) worten   7) *verderbt;* observatione *Ben.*   8) Du   9) der   10) in keinen eit

warheit mit herzen und mit munde vor bringen, ubel weder obil nit geben, nit unrecht dun, widermude geduldeclichin verdragen, dine*n* vinden minnen, den fluchenden nit wieder fluchen, wan [1]) den wyder segene*n*, ungemach liden durch d*a*z recht, Nit stoltz wesen, nit wingyr, nit freislich, nit slaferlich, nit triege, nit murmelersen, nit achtersprechersen, sine hoffunge gode bevelen; waz gudes an yme ist, d*a*z bekenne gode, nit ime selbin. Den dag des ortdeilis sal man vochten, der hellen angest han, Gern den ewigen lib mit geistlicher gerungen, den dot allerdegelichen vor den augen dragen, Die dede sines lebenes alle zyt huden, vor *war* wizzen d*a*z in unser herre [2]) in allen steden an siet. Die ubele gedenke de*n* herzen zu kummende zu hant werfen an Krist und deme geistlichen altherren [3]) offenbaren. Sinen munt vor bosen reden huden, vil zu sprechene nit minnen, Idele wort und spotliche nit sprechen, grosz lachene und ungemezze nit minnen. Die heilge leczen gerne horen, deme gebede emizliche anne stan, d*a*z vorgedane ubil mit trenen und mit sufzungen alle dage gode in sime herzen und in sime gebede clagen und vorbaz d*a*z ubil bezzeren, Die gerunge des fleisches nit vollenbrengen, den eigenen willen haszen, Der ebdissen gebode in allen dingen gehorsamen, allein du sie anders, d*a*z got inwolde, und gehuge des gotlichen gebodes 'die sie uch heiszent dun, die dut, die sie aber dunt [4]), dine dut nit'. Nit wollen heilig geheiszen werden e iz sy, wan e heillig werden, d*a*z man werliche spreche. Godes gebot allerdegelich. mit den werken vollinbrengen, Reinkeit minnen, nyeman haszen, zorn und nit vermiden, Gestride nit minnen, homut flieen, Die alden eren, Die jungen minnen, in godes liebe vor die vinde beden, mit den missehellenden czu friden kummen e die sunne under ge, von godes barmherzekeide nummer missehoffen. Diz sint die wafen der geistelichen liste. werdent sie von uns unverdruszeliche dag unde nach irvullet [5]) und in deme urtdeilis dage gode wieder bekant, der lon sal uns weder gegebin werden den got geboden hat, den nie auge gesach noch ore inhortein noch herze ingedachte, den got gereicht hat den die minnent.

Von der gehorsamkeide [6]). V.

D er erste grat der otmudkeide ist die gehorsamkeit [7]) ane wile. Du [8]) gevellet allen den die nit liebers inhant *dan unsen herren Crist. Durch den*

---

1) von   2) unsen herzen   3) t *halb ausradiert*   4) dut   5) uude wollet nach ir
6) *die Ueberschrift am Rande*   7) gehorsämkeit   8) Do

heiligen dinst den sie gelobet hant oder durch die vorte der hellen [1] obe durch die gnade des ewigen libes, also schiere so in it geboden wirt von ire meisteren, daz inmerent sie nit zu erwullene als iz in von gode geboden sy. Von den sprechet unse herre 'Mit der horungen des oren gehorsameden sie mir', und aber sprichet er zu den lereren 'Der uch horet (4%) der horet mich'. Dise alsus solich die ires eigendummes und irs eigenen willen vercient und ledegunt ire hende und laszent unvollebracht, [2] darumbe daz sie bit gereiden wusze navolgen [3] der stimmen des gebodes mit den werken, daz in einer hantwilen daz gebot der meisteren und die werch der jungersen mit snelheide der godes vorten [4] irvullet werden, disse hant flizze und minne zu varene zu deme ewigen leben. Durch daz grifent si den engen weg von deme unse herre sprichit 'Enge ist der weg der zu dem libe leidet' daz sie na irre wiltcore nit inleven noch na den gerungen [5] irs libes nit ingen, wan daz sie under der ebdissen in den clostere wesende irme gebode zu gehorsamene in allen ziten gerecht sin. Ane zwivel, welche alsus ist, di navolget [6]. den worten unsers herren da er sprichet 'Ich inquam nit zu dune minen willen, danne des der mich sande', und disse selbe gehorsamkeit ist dan anfenclich unseme herren und susze den juden, obe daz gebot irwullit wirt ane trachkeit und slafheit und ane murmulunge und ane wiedersprache, wan die gehorsamkeit die man der meistern irbudet, die wirt gode gedan, wan er sprach 'De uch horet, der horet mich', und mit gudem mude sal sie von den jungersen erboden werden [7], wan den [8] frolichen geber [9] den minnet got. und iz daz die jungersen gehorsamet mit unwillen und beide mit munde und mit herzen wider murmelet, allein irwullit sie daz gebot, iz ist doch gote undenclich, der daz unwillige herze ane siet, und alsus umme gedane dat inirvolget sie nit keinen lon, wan sie gewinnet pine der murmelungen, abe sie mit ruwen nit inbuszet.

VI.   **Von der stille.**

Nu dun wir daz der prophete sprichit. Er sprach 'ich sal huden mine wege, daz ich nit insunde mit miner zungen. Ich satzte mime munde hude, ich verstummede und wart geotmutdigit und ich gesweig von guden dingen'.

---

1) die worte der heilgen 2) yn vollebrach; *danach Lücke* (quod agebant *Bm.*)? 3) nauolge   4) worten   5) geräen   6) nauolgent   7) werde   8) die   9) geberde

Hie zeugit uns der propheta, obe man von guden reden etwanne geswigen sal durch die stille zu haldene, michel me sal man gecessen von ubiln worten durch die pine der sunden zu virmidi*ne* ¹). Durch d*a*z wirt den dorechtigen jungersen selden urlaub gegeben zu sprechene auch von guden und von heilgen reden durch die stille zu haldene, wan ²) da gescribin stet 'In vil- sprechene inflies du die sunde nit', und aber 'Beide dot und leben liget in den henden der zungen'. Sprechin und leren gecimet der meisteren, swigen und horen gevellet der jungersen, und durch dat waz so nutzlicher reden von der mesteren iz zu vorderne, d*a*z sal man mit otmudkeide und mit zuchten suchen, d*a*z sie nit me indurste sprechen danne d*a*z nuzze sii. Gerune ³) und muzzige worte die den spot hebent, die verbieten wir in allen steden, und zu also gedanen reden instade wir (4ᵇ) nit keiner suster den munt off zu dune.

Vo*n* der otmudkeide. VII.

Liebe sustere, die gotliche schrift ruft uns ⁴) und sprichit 'Ein ⁵) iclich der sich irhebit, der wirt genidert ⁶), und der sich genidert ⁶), der wird gehote'. So lanc sie diz sprichet, so zeugit sie uns, d*a*z aller hande irhebunge des kunnis ⁷) si der stultzheide, von der sich der prophete huden wolde und sprach 'herre, myn herze inwart nie irhoet, noch myn augen inworden nie irhaben, noch ich ingine nit in ungezemen dingen noch in wunderlichin dingen ubir mich. waz dede ich dan? Abe ich mich nit otmutdige inversan, und ob ich irhup mine sele, so lon miner selen, Alse sich d*a*z inspannete kint gehabet zu siner muder'. Durch daz, liebe sustere, wolle wir gereichen ⁸) die hoe der obersten otmutkeide und snelliche vollenkumen zu der himmelscher irhoungen, dar man stigen sal mit otmutkeide disses gegenwurtdigen libes, so wirt uns uff zu stigene mit guden werken die leitere uff gericht, die herren Iacobe inschein in de*m* draume ⁹), da im die engele nider stegende und off stegende irzeugit worden. An deme uffstigene u*n*d an de*m* nederstigine der engele mogen wir ane zwivel ¹⁰) d*a*z verstan d*a*z wir mit otmutde nider stigen und mit otmutde off stigen. Die offgerichtge leitere d*a*z ist unse leben in dirre werlde, d*a*z mit otmudigeme herzen von gode uff gericht wirt zu hemele. Die zwen leiternbeume sint unse lib und unse sele,

---

1) uirmidie   2) van   3) gerume   4) uns   5) Eein   6) gehindert   7) k͞vms   8) gerichen   9) dreume   10) zwiuel sal man

de*n* unse herre manger hande sproszen der otmudkeide und der zucht off zu stigene ane gesatzt hat.

Von den worten.

Diz ist der *erste* grad der otmudkeide, d*a*z die suster godes vorte ¹) ummer vor den augen drage ²), bit alle*n* flie ³) vergeszenheit und ummer gehugic ⁴) sie alles des got gebute, und darane denke, wie den die got versment ⁵) die helle vor ire sunde gelobet ist, und ummer in irme mude ⁶) drage ²) dan den ewigen lib der den die got vochtent gereide ⁷) ist. Sie hude sich alle cit von sunden der gedenke, der zungen, der augen, der hende, der wuzze, des eigenen willen, und ile die gerunge des fleisches zu vermidene. Sie sal merken d*a*z sie von gode ummer und alle zyt beszauwet wirt von dem hymele und ir dede in allen steden gesien werdent von der anesichte der gotheide und gode von den engelen alle zyt gekundigit werdent. D*a*z kundigit uns der prophete, wie got unsen gedenken ummer gegeinwordich ist und sprichit 'Got er irsucht die herze und die lenden', und aber sprichit er 'Got bekennet die gedenke des menschen d*a*z sie ydel sint', und aber 'Herre, du ⁸) bekennes mine gedenke von verne ⁹), und d*a*z der gedank des menschen dir begien sal'. Und d*a*z die nutzze ummer sorghaftig si umb idele gedenke, so spreche in irme herzen 'Dan sal ich unbewollen ¹⁰) sin vor gode, ob ich mich behuden von mime unrechte'. unsen eigen willen ¹¹) wirt uns beweret zu dune, so die scrift suz uns sprichit (5ᵃ) 'von dine*m* willen kere dich'. und wir beden auch ¹²) unsen herren in userne gebede d*a*z sin wille an uns gewerde. Durch d*a*z werden wir geleret unsen willen nit zu dune, d*a*z wir des huden d*a*z die scrift sprichet 'Iz sint etliche wege die die lude gerecht dunkent ¹³), und ir ende versenket ¹⁴) in den grunt der hellen.' und aber sullin uuir vorhuden d*a*z von den versumenden gesprochin ist 'Die sint zubrochin und verwazentlich worden in iren gelusten'. Durch d*a*z mogen wir wolle getruwen d*a*z uns unse herre ummer gegenworttig ist in allen gerungen unses fleisches, wan der prophete sprichet zu ime 'vor dir ist alle myn gerunge'. Durch d*a*z iz uns zu vermidene alle ubele gerunge, wan der dot gesatzit ist bi den ingang der geluste. Danabe gebudet die scrift 'Du in-

---

1) worte 2) dragen 3) flisze 4) gehugit? 5) versmet 6) munde
7) gereiden 8) die 9) verne 10) unbevolen 11) willen wille 12) vch
13) dunket 14) versenke

salt nit gan na diner gerunge'. Durch daz wan unsers herren augen beschauwent gude und obele und got von dem hymmele sit ummer ubir die menschen kint, daz er verneme ob ieman vernumstig [1]) si und got suchende, und abe uns werk unseme scheppere gekundit werdent von den engeln die uns gesatzit sint zu huden dag und nacht, durch daz, liebe sustere, ist uns vor zu warnene, als der prophete sprichit, daz uns got an heiner zit nit insi abe kerende zu deme ubele und unnutze werden, und er uns danne schone in dirre zyt, wan er gnedich ist und unser beidende iz, daz wir uns bekeren zu bezzerne, daz er uns nit inspreche in deme zukunftigen dage 'diz dedes du, und ich sweig'. **II.**

Daz iz der andere grad der otmudikeide, daz irn eigenen willen nit gerne minne, noch nit ingere zu irwullene ir gerunge, danne si navolge der stimmen unsers herren, der da sprichet 'Ich inquam nit zu dune minen willen, dan des der mich sante. Der wille machet die pine, die notdorftikeit gewinnet die crone'. **Tercius.** Daz ist der dritte grad [2]) der otmutkeide, daz die suster durch godes minne underdenig si irre meisterschefte mit aller gehorsamkeide und navolge [3]) den herren von dem gescreben ist 'Krist wart gehorsame sime vadere biz an den dot'. **Quartus.** Daz ist der virde grad der otmutkeide, daz sie in der selben gehorsamkeide bit stillicher samwitzkeide gedult hat ingegen [4]) allen wederwurdigen dingen und weder alleme unrechte daz ir gedan wirt, noch daz sie an der geduldikeide nit inslafe noch van [5]) ir nit inscheide. die scrift also sprichit 'Der da hyrtet biz an daz ende, der sal genesen', und aber 'Gesterket werde din herze unde dulde unsen herren'. und abir zeugit die scrift, daz der selige mensche sulle verdulden alle wederwurdekeit durch unsen herren, und sprichit vor die geduldigen 'Durch dich werden wir irslagen, (5b) degeliches wir sin geachtet also die schafe die zu slane gereit sint', und die seligen, die sicher sint von der hoffungen des wirdigen lones, sie frauwen sich und sprechent 'In allen dissen dingen ubirwinden wir durch den der uns minnede'. und in einer andern stat sprichit die scrift 'Herre, du hast uns besucht, du hast uns gelutert in deme fure, als daz silber gelutert wirt. Du hast uns geleidet in den strig, du hast gesatzit die quale off unsen rucke'. und daz sie gezeuge uns under der meistern zu wesene, so sprichit sie aber 'Du hast die menschen gesatzit ubir unse heubit'. Durch daz, du da irvullin wilt godes gebot, unrech und wedergemude duldene,

---

1) vernuñstig 2) rad 3) na volgen 4) hant ingangen 5) wan

wirt sie geslagen an einen backen, sie budet auch den andern; wer ir nemet den rok, sie budet im auch den mantel; wirt sie betwungen eine mile, sie geit andere zwo; und bit deme apostolo Paulo duldent sie falsche sustere, und deme fluchenden wieder fluchent sie nit. **Der funfte.** Daz ist der
⁵ funfte grad ¹) der otmutkeide ²), daz sie alle ubele gedenke irme herzene zu kummende und alle virholne missedat bit otmudger bigithe ir ebdissen nit inverhele, als uns die scrift trostit und sprichit 'Iroffene gode dinen weg und hoffe an in', und aber 'Begiet ³) gode, wan er ist gut, wan sine erbarmherzekeit wert an daz ende', und aber sprichet der prophete 'Dine sunde det ich dir
¹⁰ kundig und min unrech inverbarg ich nit. Ich sprach 'ich sal gode begene min unrech wider mir, und du virlizes mir die bosheit mines herzen.' **VI.** Diz ist der seste grad der otmutkeide, daz die suster sich zele undure und versme, und ir daz genuge, und daz sie sich in allen den dingen die ir geboden werdent zu eime undureme wergwibe ⁴) bezele, und spreche mit deme pro-
¹⁵ pheten 'Zu nichte bin ich worden und ich inwistiz nicht. Als ein ve bin ich, herre, worden vor dir, und ich bin iedoch ummer mit dir'. **VII.** Diz ist der sebende grad der otmutkeide, daz sie sich nit alleine bit der zungen, dan auch mit alme herzen bekenne undure und nidere vor den andern, und otmut- dige sich und spreche mit deme propheten 'Ich bin ein worm und nit ein
²⁰ mensche, edwiz der lude und verwurfnisse des volkes. Ich waz irhaben und bin genedert und geschant'. und aber 'herre, iz ist mir gut daz du mich genidert hast, daz ich lerne dine gebot'. **VIII.** Daz ist der achte grad der otmudkeide, daz die suster nit indu dan ⁵) daz die gemeine ⁶) regele des closters und die vorbilde der obersten manet zu dune. **VIIII.** Daz ist
²⁵ der nunde grad der otmudkeide, daz sie ire zunge bewere zu sprechene und die stille halde und nit inspreche danne gefraget, wan die scrift sprichet 'In manigfeldigem sprechen influet man der sunden nit, und der cleffesche man wirt nit berichtet off der erden'. **X.** Daz ist der zehende grad der otmutkeide, (6a) daz sie nit lichte insi noch gereit zu lachene, wan da
³⁰ gescriben stet 'Der dumme irhebet mit lachene sine stimme'. **XI.** Daz ist der eilfte grad ⁷) der otmudkeide, daz die suster, so sie sprechen sal, mit otmutkeide und mit ernste ⁸) sentteclichen und ane spot redeliche wort und unmaniche ⁹) spreche ¹⁰), und nit mit rufelicher stymmen, wan alsus

---

1) rad, g *übergeschrieben* 2) otmukeide, t *übergeschrieben* 3) Beiget 4) vndereme wergwe 5) dz 6) gemine 7) rad, g *übergeschrieben* 8) erste 9) ane maniche 10) sprehen, c *übergeschrieben*

gescrieben ist 'Der wise wirt bekant mit u*n*manechen worten'. **XII.** Daz ist
der zwolfte grad der otmutkeide, d*a*z sie nit alleine bit deme herzen, dan
auch mit geberden des libes die otmudkeide den andren zeuge. daz iz in
werken, in gebede, in dem munstere, in garten, in wege, in velde aber
wo sie sy, sitzenne, gande, stande. si sal ummer bit geneugeti*m* heubte und ⁵
die augen zu der erden gekeret *sin* und sich schuldig bekennen alle zyt von
iren sunden. sie sal sich geinwordich wizzen de*m* vochlicheme godes ort-
deile, und sal sprechen in irme herzen d*a*z der publicanus mit genedirtin
augen zu der erden in dem ewangelio sprach 'herre, ich sundich mensche
inbyn nit wert myn augen off zu hebene zu hymmele', und sprach aber ¹⁰
mit deme propheten 'Ich bin gecrummet ¹) und genedert allenthalben'. wanne
die suster alle disse grede der otmutkeit off gestiget, dan vollenkummet ²) sie
zu der mynnen unses herren zu der durnechtiger minnen die die vorte ³)
uz verdribet. Byt der selbin minnen beginnet sie zu hudene ane alle arbeit
mit gewonheide alle die gebot die sie ie hilt nit ane vocht, wan sie ge- ¹⁵
winnet von der gewoneden gude gerungen der dogende, nit von vochte
der hellen, dan von vocht und von minnen unses herren, die er an sine*m*
werewibe, die er gereinigit hat von sunden, mit deme heiligeme geiste
iroffenen sal.

Der prophete sprichit 'Sebinwerbe in deme dage lobete ich dich, herre'. XVI.
Der heilge sebenfaldige rume ⁴) sal von uns irwullit werden, daz wir die
ambt unses dinstes irvollen zu der metten und zu der primen, tercien, sexten,
nonen, vesperen und completen, wan ⁵) von dissen geziden sprichit der pro-
phete 'Sebenwerbe in dem dage lobede ich dich, herre', und von der metten
sprichit der selbe prophete 'Ich stund off zu der mitternach zu lobene dich, ²⁵
herre'. Darumme in dissen ziden sullen wir loben unsen scheppere ubir die
urtdeile siner rechtekeide.

Von gots dineste. XIX.

Uvir gelauben d*a*z godes gegenwortkeit allenthalben *si* und sin augen
in allen steden ane sin gude *und* ubele, und iedoch ane zwivel aller meist so
wir zu godes dinste sten. Durch d*a*z sollen wir ummer gehugen des d*a*z der ³⁰
prophete sprichit' Dienet gode mit vochten' und aber 'Singet wislich' und 'in

---
1) gecrumet   2) willen-   3) die ddie worte   4) (= numerus) = *mhd.* ruom?   5) van

der ansichte der engele loben ich dich, herre'. Durch daz merken wir, welich wir wesen sullen in der anesichte der gotheide und der ¹) engele, und sten wir also zu singene daz unse gedank sammenhelle unser stimme.

XX. ## Von gebede.

So lanc so wir mit geweldigen luden inkeyne sache werben, danne *nit ⁵ irbalden wir dan* mit otmudkeide und mit zuchten. ²) michel me sollen (6ᵇ) wir gode fleen mit otmutkeide und mit reinekeide und wizzen daz daz er uns gehoret nit in vilsprechene ³), wan mit reinekeide des herzen und in ruen der trene. Durch daz sal unse gebet cusz und reine sin, yz inwerde dan erlenget von demme geiste der gotlicher gnaden. Iedoch in deme convente sal ¹⁰ iz gecurziget werden, und sollen alle uff stan egelich zu deme zeichen der priolsen.

XXI. ## Von den dechenen.

Ist die samenunge it grosz, so kise man under in sustere gudes ⁴) urkundes unde ⁵) gudes lebenes, und die werden gesatzit zu dechene, die ummer sorge haben in allen iren ambeten al na godes gebode ⁶) und der ebdissen ⁷). Die ¹⁵ sal man alsolich kiesen daz die ebdisse ire burden sicherlich under sie deile ⁸). Noch die insullen nit gecorn werden na ordine, danne na wirdekeide irs lebenes und na wisheide irre lerungen, und iz daz ir keine mit stolzheide sich irhebet, die sal man berespen zwirnt und dritwerbe, und inwilt sie sich nit beszern, man insezze sie und setze ein andere in ire stat, die des wirdic sy, und also ²⁰ du man auch von der probsten.

XXII. ## Von slafene.

Sunderliche sollen sie off irren betten slafen, und iren bettegewant sollen sie haben alse die ebdissen gesetzet na der maszen irs lebenes. Sie sollen alle in einer stat slafen, ob iz wesen mach. Ist aber die menige groz, so slafen zegene oder zwenczig bit etlichen altfrauwen, die obir sie sorge haben. ²⁵ In deme slafhuse sal eine kyrce burnen biz an den morgen. Gecleidet sollen

---

1) under 2) zuchen 3) inwil sprechene 4) godes 5) vndes 6) gebodes
7) ebissen 8) deilen

sie slafen und gegortet bit gorteln, und kein meszer insollen sie by yn han, daz sie slaffent gewundet nit inwerden, und daz sie ummer gereit sin ane merrunge zu deme zeuchene off zu stane und ir ielich ile vor die andere zu godes werke mit ernste und mit gudekeide. Die junge sustere inhaben kein bette by einandere, danne undermenget mit den altfrauwen, und alse *sie* off ⁵ stent zu godes werke, ein ieclich mane die andere und wecke sie von dem slaffe.

Von dem vreden. XXIII.

Obe keine sustere werde ober ungehorsam ober stoltz oder murmellene oder in keinen dingen wederwurdich wesende die heilge regele ¹) unde die geboth der altfrauwen versmet, die sal gemanet werden al na godes gebothe ¹⁰ eines und aber gesweslich ²) von den altfrauwen. Inwilt du iz nit beszeren, so sal iz berufen werden offenbare vor in allen, und abe sie sich noch dan nit inbezzereth, und obe sie doch wolle versteit waz buszen dar na folget, so sal man sie scheiden von der gemeinschafte. wil sie aber vollenhyrten, so sal man sie kestigen an deme lybe. ¹⁵

Von der lichten schult. XXIV.

Na der maszen der schulde sal die masze gedan ³) werden der uszscheidunge und der kestiungen, und die mazze der schulde sal stan in ortdeile der aptissen. und iz daz etliche funden wirt in lichteren schulden, die werde gesunderet von der samendeilungen des (7a) disches ⁴), und der sal daz gesatz werden, daz sie in deme core noch salm noch antiphene an inhebe noch letze ²⁰ inlese, biz sie gebuzzet. Noch irre libnarunge insal sie nit nemen wan alse die andere sustere geszen hant. Ezzent sie zu sexten, so neme iz zu none, Ezzent sie zu nonen, so neme iz zu vesperen alse lange biz sie mit der buzzen gnaden irvolgit.

Von der grozzen schult. XXV.

Die suster die mit meren schuldin behabet wirt, die sal man scheiden ²⁵ beide von deme dische und von dem core. keine sustere insal ir zu gevuget

---

1) regele die heilge   2) gesweglich   3) gedanen   4) diches, s *übergeschrieben*

werden noch in gesclschafte noch in sprechene. Sic sal alleine sin zu deme
werke daz ir gesaczit *ist* und sal vollenhyrten in der weinungen des berunisses
und vochten die freisliche rede des aposteln der da gebudet daz man soliche
gebe deme duvele zu quelene daz fleisz, daz der geist behalden werde an
⁵ deme dage unsers herren. Die labunge der spisen sal sic alleine nemen na
der maszen und in den stunden als ire die ebdissen gesezzet. von keiner sal
sie gesenit werden die vor sie geit noch die spise die man ire gebet.

XXVI. Von den die sich zu wugent den uz gescheidenen.

Virsumet keine sustere sich ane gebot der ebdissen sich zu yre zu
gefugene mit sprechene oder mit keinen dyngen zu gesellischeffe ¹), die sal
¹⁰ geliche wize liden.

XXVII. Wie die ebdissen sorgsemig solle sin um die missedunden.

Mit allem flize sal die ebdissen sorge haben umbe die missedunde
sustere, wanne des arzides inist keine notdurft den gesunden, wan den sichen.
Durch daz sal sie dun alse der wise arzath und sal ir zu senden wise alde
frauwen, die sie geswesliche ²) trosten in irre myssedede und irmane sie zu
¹⁵ bekentnisse der otmudkeide und getrosten sie also daz sie mit missetroste
virloren nit inwerde, danne, als der appostolus sprichit, daz die minne in ir
gevestenet werde und daz gebethet werde vor sie von in allen. Die ebdisse
musz des grosze sorge haben und sal daz mit groszeme sinne und mit wis-
heide bewaren, daz sie der bevollender schafe keine invirliese, und bekenne
²⁰ daz daz sie sorge intfangen hat der sicher selen und ubir die gesunden keine
grimbeit, und vochte auch die drauunge des propheten, durch den unse herre
sprichit 'Daz ir veizet saget, daz namet ir, daz da crank was, daz verworfit
ir', und navolge deme guden bilde des milden hirten, der da liez nun und
nunzig schaf in den bergen und ging suchen ein schaf daz da verlorn waz.
²⁵ Des irbarmete er sich also daz er iz off sine heilge assele lachte und weder
zu den herten bracht.

XXVIII. Von den die dikke berespet ³) werdent.

Obe irne ein suster dicke berespit wirt umme ir schulde oder geschei-
den von der gemeinden und sich nit beszeren inwil, so musz man sie scher-

---

1) geselli*cheffe   2) geswegliche   3) berespet

pelichen berespen, d*a*z sal syn (7b) mit slegen der bessemen, und obe sie sich noch dan nit inbezzeret und sich in stoltzheide irhebet und ir unrech beschirmen wilt, so du die ebdisse als ein wise arcetisze. Obe sie sie gebeit hat mit manungen und gesalbet mit gudeme troste und gearzediet mit der heilgen scrifte und zu lezzes gebrant mit der uzscheidungen [1]) und mit den slegen der besemen und sie dan siet [2]) d*a*z al ir fliz nit inhilfit, so du dan d*a*z aller oberste dar zu, d*a*z iz ir selbes gebet und alle [3]) ir sustere vor sie, durch d*a*z d*a*z unse herre, der alle kint macht, sine gnade an der sicher suster wyrke. und ist iz d*a*z sie noch alsus gedane wis nit geheilit inwirt, so sal die ebdissen an ir nuzzen die wafen der abesnidunge, alse der apostolus sprichit 'Nemet von uch d*a*z ubele', und aber 'Obe die obele und die ungelaubige [4]) abe scheidet [5]), scheide abe, d*a*z ein sich schafe alle die herte nit inbewelle'.

Von den die da inweg laufent [6]). XXIX.

Obe ir keine [7]) suster durch ir schult uz geit obe verstosen wirt von dem clostere, und iz d*a*z sie weder keren wil, sie gelobe aller erst alle bezzerunge vor die messedat dar umme sie uz gevarn waz, und alsus werde sie weder intfangen in deme nidersteme grade, d*a*z ir otmutkeit da mede gepruftet werde. und kummet iz also d*a*z sie aber zugeit, man sal driwerbe weder intfain, und sider wisze d*a*z, d*a*z ir alle ir wederkerunge virsaget wirt.

Von den kinden. XXX.

Aller hande alder und aller hande vernunft sollen ir rechte masze haben. Durch d*a*z also dikke so die junge sustere ober die nit inwiszen, wie grozze die wize sy der uzscheidungen [8]) von der gemeinden, also dise gesundent, so sal man sie buzzen antwir [9]) mit grozzer vasten oder mit scharpen besemenslegen, d*a*z sie gebezzereth werden.

Von der kelnersen. XXXI.

Du kelnersen des closteres sal gecorn werden von der samenungen wise und guder sidde, reine und cusche, nit homudig, nit betrubelich, nit

1) uz scheiungen 2) seit 3) *lies* aller? 4) vngelubige 5) abeschidet 6) laufe
7) *lies* inkeine? 8) uzscheiungen 9) anwir

wedermudich, nit trege, nit suinde, danne got vochtende, die aller der samenungen sy als ein muder. Sie sal besorgen alle dink. ane geboth der ebdissen insal sie nit dun. daz ir geboden wirt, daz behude. Sie insal die suster nit irzurnen. Obe etliche suster von ir unredeliche it geische [1]), si
5 insal sie nit smeliche bedruben, wan die redeliche mit otmutkeide versagen. Ir selen sal si huden, und ummer sal sie gehugen daz der apostolus sprichet 'wer da wole gedinet, der gewynnet eine [2]) gude stat'. Der sichere, der kinde, der geste und der armen sal sie mit allem flize plegen, und daz ane zwivel *wizzen* daz sie vor diz allez rede geben sal in dem dage des ortdeiles.
10 Alle die vaz und die habent des closteres sal sie geheiliget wizzen alse die vas des altares. Sie insal iz nit wenen zu versumene, noch sie insal nit fliszic sin zu girheide noch die habent des closteres nit verdun, dan alle ding sal sie na mazzen handelen al na gebode der (8a) ebdissen. Vor alle dink sal sie otmutkeit han. hat sie auch nit der hebede zu gebene, gebe
15 gut antworte, als da gescriben [3]) stet 'Gude *rede* ist bezzer dan keine gebe'. waz ir die ebdissen bevelet, daz habe under irre sorgen, und waz ir verboden wirt, des underwinde sich nit. Sie sal den susteren ir gesatzte probende ane wedersprache bereiden, daz sie nit betrubet inwerden, und sal gehugen unsers herren wortes, waz der verdienet der da betrubet einin der wenigere. Iz
20 daz die samenunge merre wirt, so sal man ir helfe geben, daz sie mit senfteme mude ir ammet irvollene mogen. Zu vellichen [4]) ziden sal man geben waz da zu gebene ist, und bidden waz da zu beddene ist, daz niman bedrubet inwerde in dem godes huse.

XXXII. **Von der hebende.**

Dye habet des closters beide an gezogen und anne gewande und ane
25 aller hanne dingen bevele die ebdissen susteren von dere gudeme lebene und guden seden sie [5]) sicher sy, und gebe iz in als iz nuzze sy zu behudene und weder zu samene. Hynabe sal die ebdissen einen brif han, umme daz obe [6]) eine sustere abe ge und ein andere zu kumme, daz sie wizze waz sie gebe intfae, und iz daz ir keine unschone und versumeliche des godes huses
30 gut handelet, man sal sie berespen, und beszeret sie sin nit, so musz sie gezuchtiget werden al na der regulen.

---

1) geschge 2) eine eine 3) gescribet 4) welichen 5) vn̄ 7) obe obe

Von der eigenscheffe.   XXXIII.

Allermeist iz die sunde bytalle zu virmidene und uz von dem clostere zu virdribene, daz keine suster it neme oder gebe ane gebot der ebdissen, obe it eigendummis habe in keiner hande dink, noch buch noch tafole noch griffel noch bytalle nicht, den joch *ir lip noch ir eigen wille* ist in irre gewelde zu habene. Alle irre notdurfte sollen sie warten von irre muder. Nit insollen sie han wan daz in die ebdissen gebet oder gehenget. Allez sal iz in in gemeine sin, noch ir keine insal nit eigenliches han. und wirt ir keine bit dirre sunden begriffen und swerent dar umme iemant [1]), inwil sie iz nit bezzeren, so sal man sie dar umme zuchtegen.

Daz man ielichim syn notdurft sal geben.   XXXIV.

Iz ist gescriben von den aposteln 'Man deilite in sunderlichen also ir ieclicheme noth waz'. Na dissen dingen insal man nit mirken der herheit noch der niderkeit, wan [2]) ir ielicher crankkeit. Die iz da minre bedarf, sie lobe got und inunfrauwe sich nit. die iz aber me bedarf, die otmutkeide sich von irre crankheide und inthebe sich nit von der gnaden, und alsus sollen sie alle in frieden wesen, und in diesen dingen insal keine murmelunge umme keiner slachte [3]), weder in worten oder in geberden, an yn erschinen. und wirt ir keine da mide begriffen, die sal man dar umme zuchtigen.

Diz *iz* von dinene.   XXXV.

Die sustern sollen in undir ein dienen, noch ir keine in sal sich inschuldigen von deme dineste der kuchenen, sine sie sich in etlichen notdurften bekumberet: wanne da mede gewynnent sie groszen lon und mynne. Den cranken susteren sal man helf geben (8b), daz siz ane unfreude gedun mogen und ir ielich habe [4]) helfe na der mazen der samenungen. Ist die samenunge grosz, die kelnersen si ledig von der kuchenen und die an merreme notze bekumberet sint. Die andere dinen under ein mit mynnen. wilche ir die woche vollenbrenget, des samsdages [5]) sal siz allez rein machen. die twelen

---

[1]) *unverständlich; der lat. Text lautet* quodsi quisquam huic nequissimo vitio deprehensus fuerit delectari   [2]) von   [3]) kenerslaste   [4]) hafe (*nach dem folgenden Wort verschrieben*)   [5]) samⁱdages

da sie sich an druckent sal sie weszen. Beide die da usz geit und die da in geit, sie sollen allen den susteren ir wusze twan. Alle die vaz die zu deme dieneste gehorent, die sal si alle gantz und reine der kelnersen off antwurten, und sie sal sie bevelen der die da in geit, daz sie wisze waz sie gebe und waz
5 sie intfae. Die wochenersen sollen nemen e ezzenes zyt ane ir probende brot und drinken, daz sy den susteren gedienen mogen ¹) zu revenere ane murmelungen und ane arbeit. Aber in den hochgeziden sollen sie dulden biz zu dische. Die wochenersen, beide die da in geit und die da uz geit, sie sollen des sunnedages na mettenen in dem core dur ²) nider vallen und sollen
10 beden ³) vor sie beden. und die da uz gent von der wachen, die sollen disen vers sprechen 'Benedictus es, domine deus, qui adiuvisti me et consolatus es me'. Als diz driuerbe gesprochin ist und sie die segenunge intfet ⁴), so kume die in gande und spreche disen vers 'Deus in adiutorium meum intende', und alse daz dristunt gesprochin ist, so intfae die segenunge
15 und ge in.

XXXVI. **Diz ist von den sichen.**

Der sichen suster sal man vor allen dingen wol plegen und sal in dinen gelich alse dem heilgen Xpriste, wan er zu letzen sprechen sal 'Ich waz siech und ir wistet ⁵) mich, und waz ir dadet einre der minsten, daz dadet ir mir'. und selbe die sichen sollen myrken daz man in dienet durch
20 godes ere, und insollen die sustere die in dinent nit besweren mit keiner uberenzikeide, und jochwes sie mudent, daz sal man geduldecliche verdragen, wanne hie midde gewinnet man grozzen lon. Durch daz sal diz die ebdissen besorgen, daz sie keinen brechen indulden. Den selben sichen susteren . . . ⁶) sezzen eine die got vochte und mynne. Doch sal man in reden ⁷) also dikke
25 so siz bedorfen, und den gesunden und aller meist den jungen vil selden. Den sichen und den cranken sal man fleis irleuben durch daz daz sie sich irkoberen. Alse sie aber gesunt werdent, so inthalden sie sich aber von fleische na irre gewonheide. In allen disen dingen sal die ebdissen sorge han, daz die sichen noch von der kelnersen noch von den dinstfrauwen nit
30 versumet inwerden, wanne waz da missedan wirt, daz geit allez wider zu

---

1) moge   2) *lies* dar?   3) = bidden   4) intfent   5) wiset   6) = sit cella se deputata et servitor timens deum et diligens ac sollicitus   7) *lies* sie baden (= balnearum usus offeratur).

ir wert. Dye ¹) vil alde frauwen und die junge kind sal man halden na gnaden. Man sal mirken an yn ir crankheit und insal nit den ²) getwanc der (9ª) regelen vor legen an irre spisen, danne man sal in irleuben zu inbizzene vor rechter zyt.

Diz ist die letze von ezzene. XXXVIII.

Alse die frauwen zu disse sitzint und ezzent, so insal da nit der letzen ³) gebrechen, und insal ir keine lesen wan die des sunnedages in geit alle die woche zu lesene. Die selbe sal na messen bidden alle gemeinlich vor sie beden, daz got von ire kere allen hoin mut, und sollen dan alle sament in deme core dissen vers driwerbe sprechen, und des sal sie beginnen 'Domine, labia mea aperies et os ⁴) meum', und alse sie die segenunge intfeit, so ge in zu lesene. Dan sal da grozze stille sin zu dische, daz kein rununge noch keine stimme, danne ockert die letze gehort werde. und wes man da bedarf zu ezzene und zu drinkene, daz sal in also vor gedinet werden, daz ir keine nit heischen indurfe. Wirt da aber keines dinges noth, ⁵) daz sal man heischen mit iecliheme zeichene, nit mit worten. Noch ir keine sal da nit fragen gedurren von der letzen noch nirgen abe, iz insi daz di prielsen it sprechen wolle curtzliche die ander zu bezzerne. Abe die wochenersen die sal nemen ein mixtum, e sie lesen beginne, daz sie daz lange ⁶) nit inbeswere, und ge dan ezzen mit den da gedinet hant. Die sustere insollen auch nit na irme ordene lesen, dan ockert die die andere gebezeren mogen.

Von der mazzen des ezzenes. XXXIX.

Wir getruwen des daz in genuge zu irre degelicher spisen zu alle irren ezzenen, beide der sexten und zu nonen, zweierleie gesoden ⁷) gerichte, abe ir keine des einen nit inmag, daz sie sich mit dem andern labe. und han sie obez oder smalsede, man gebe in daz dritte auch dar zu. Ein ⁸) gewicht brodes genuget in, wedere isz sy ein ezzen oder zwei. und ist daz sie meren sollen, daz dritte deil des brodes sal in die kelnersen halden biz zu merungen. Ist iz aber daz die arbeit merre wirt, daz sie in der ebdissen wilcore in zu merende, ob iz nutze ist, ane ⁹) alle oberenzekeit, daz sie nit

---

1) *hiermit beginnt sonst Cap.* XXXVII   2) der   3) nimet lazzen   4) os os   5) nach
6) vasten *zu ergänzen?*   7) gesosen   8) Eein   9) āne

besweret inwerden, wan iz inist de*n* xpriste*n* mensche*n* nit so wedere als oberaze, als unse herre selbe sprach 'Syet d*a*z uwir herze nit inbesweret inwerde mit oberaze'. aber den jungen und den kinden sal man minre maze geben dan den groszen, und in allen dingen sperliche han. von allem flizze
5 sollen sie sich inthalden, ane die cranken und die sichen.

XL. *Von der mazzen des dra*n*kes.*

Ein ieclich hat ir eigene gabe von gode, eine sus, die ander so. Durch d*a*z setzen wir alleine .... ire libnarunge mit alsolicher mazen [1]). iedoch wanne wir an sehen die crankheit der sichen, so getruwen wir des d*a*z ir ielicher eyn coppelen wines genugen moge uber dag. Den aber got gybet d*a*z sie sich
10 enthalden mogen, die wizzen d*a*z sie groszen lon dar umme han sollen. Ist iz aber d*a*z sie durch noth der stede oder durch (9b) arbeit oder durch sumerhitze me bedurfen, d*a*z ste in der prielsen wilcorde, abe siz in id meren wil. und des hude in allen, d*a*z da nit abe inkumme fraszheit oder verdrunkenheit. allein lese man d*a*z die munche keinin wyn nutzen insollen,
15 wan iz in dissen ziden nit lichte inist zu radene, so sullin wir doch da myde inein dragen, d*a*z wir in sperlichen drinken, nit zu sade [2]), wan der wyn machet dumb die wisen. Da aber die noth der stede so geschaffet ist d*a*z man die vor gesprochene masze nit han inmag, wan michel mynre oder mitalle nit, sie loben got die da wonent und lazzen sich des irmanen d*a*z sie ane mur-
20 melunge sin.

XLI. **Wie man sich halden solle mit ezzene und mit vastine.**

Von oster mit [3]) pingesten sollen die sustere zu sexten inbizzen unde des [4]) abedes meren. von pyngesten aber vorbaz alle den sumer, obe sie nit arbeide an der erden nit inhant, und obe sie die sumerhitze nit inmut, so vasten biz nonen die mildewoche und den fritdag. die ander dage inbizzen
25 zu sexten [5]). Ist iz aber d*a*z sie arbeiden an der erden oder daz die hitze groz ist, so halden d*a*z umbez zu sexten alle dage. und sal die ebdissen bewaren und sal iz also getemperen und gesetzen, beide d*a*z die selen behalden werden und waz die susteren dunt, d*a*z sie iz ane murmelunge dun. Von

---

1) = et ideo cum aliqua scrupulositate a nobis mensura victus aliorum constituitur   2) = ad satietatem   3) = biz   4) vñ die des   5) inbizzen zu bizzen zu nonen

idus gerstemandes biz man ses wochen zu ostern hat, sollen sie ummer zu nonen inbizzen, und vorbaz biz zu ostern zu vesperen. Jedoch sollen sie die vesper also began daz sie nit lichtes indurfen zu ezzene, wan daz sie iz mit dem lichte des dages vollenbringen. und des sollin sie alle zyt warten, weder iz sy ummez oder merrunge, daz iz ummer mit dem dage geendet werde.

Daz na completen niman sprechen insolle. XLII.

Alle zyt sollen die sustere ir stille [1]) halden, und iedoch allermeist in der nachstunden. Durch daz zu allen zyden, weder si [2]) vasten oder inbizen, also schire so sie von der merrungen off stent, so gen [3]) sitzen alsament in ein, und ir ein lese collaciones, antweder vitas patrum oder anders etwaz des sie gebeszeret werden. Nit inlese man da von deme alden urkunde noch der kuninge buchen [4]), wanne iz ist den cranken sinnen unnutze danne zu lesene, und man lese daz zu anderen stunden. Sin iz aber vesteldage, also die vesper gesungen ist, zu richte na eime curzzen underlasze so kummen zu collaciones, und die wile man leset vir bledere oder vunve [5]) oder also vil so die zyt gehenget, so ilen die sustere al zusamene die bit etliche ambete becumberet sint, und alse sie zusamene kumment und complete gesungen hant, sider inhaben keinin orlaup it zu sprechene. weliche ire sider ire stille brichet, wirt siz wunden freveliche, sie muz ir buzze drumme liden, iz ingeschie danne durch not der geste oder durch gebot der ebdissen: daz sal iedoch mit (15a) engesten und mit groszer maszen geschin.

Wie man sich halden solle zu unsers herren dineste. XLIII.

Alse die stunde kummet des godes dinestes und man daz ceichen [6]) gehort, so laszen die sustere allez daz sie under handen hant und laufen dar mit grozzer ilungen, iedoch mit solicher zucht daz keine rede under in inwerde. Noch keine werk insollen sie godes werke vor han. Und iz daz ir keine kummet na dem gloria patri daz man singet zu dem salme 'venite', den man doch ziende und lancsame [7]) sal singen, die inste nit in dem ordene zu core, danne zu aller nederst der anderen, oder wo ir die ebdissen gesetzet, daz sie von den anderen allen besien werde, biz daz godes dinst geendet

---

1) *danach am Rande von später Hand* leren   2) iz si   3) gene   4) bucht   5) nune
6) cheichen   7) lan⁶same

wirt und sie sich des offenbare beruwe. Durch daz sal sie zu nederest den andern ober da abe stan, dar umme daz sich die andere alle durch schemede der selben versumigheide huden. wan blibent sie uzwendig des cores, so mochte lichte etliche sich neder legen und slafen oder zu bosen gedenken sich
5 muszigen, daz der duvel da stade vinde ¹). durch daz sal sie dar in gan daz sie die zyt mitalle nit inverliese und sich vorwert hude. Aber zu den degelichen geziden die zu godes dineste na dem verse nit inkummet, des selben sollen sie plegen, noch insal sich nit gedurren gevugen zu den andern biz sis sich beruwet, iz insi mit der ebdissen orlaube und mit irme gehengnisse,
10 und doch also daz sie iz gebuzze. welche ir aber e deme verse den sie alle zusamene sprechen sollen zu deme dische nit inkummet und durch ir versumkeit dar nit inilet, die sal man eines und andermale durch die sunde berespen, und inwil siz nit bezzeren, so insal man ir nit gehengen der gemeinschaffe des disches, dan man sal sie sunderen von der gemeinden der susteren,
15 da sie ir libnarunge alleine neme ²), und irs wines sal man ir ir deil abe zien, biz sie commet zu ruen und zu buzen. Geliche busze sal sie dulden die zu deme verse gegenwrdig nit ist den man na ezzene sprichit. Noch ir keine gedurre ummer e der gesatzter zyt obe dar na it ezzenes oder drankes nemen.

XLIV. Wie man sich halden solle in der grozzen schulde.

20 Wylche suster durch grosze schult von deme core und von dem dische uz gescheiden wirt, die wile ³) daz man godes dinest dut, so sal sie ligen nider gestreket vor der dur des chores, stilswigene und nit sprechene, daz ⁴) heubet nider off die erde gelacht vor alle die uzzer dem chore gent. Daz sal sie also lange dun biz die ebdissen dar kumt, und sie
25 strecke ⁵) sich danne vor irre wuzze und dar na vor alle die sustere, daz sie vor sie beden. und abe iz die ebdissen gebudet, so intfaent si si in den core in die stat dar der ebdissen gevellet, Dan iedoch also daz sie noch salm noch letze noch nit anders ingedurre an heben, die ebdissen sie ingebediz aber. Zu allen den geziden also godes dinest geendet wirt, so
30 sal sie sich legen off die erde in der stat da sie steit, und du daz also lange (15ᵇ) biz ir die ebdissen gebide daz sie von der buzzen ruwe. Die aber um lichte ⁶) schult uz gescheiden werdent ockert von dem dische, die

1) vinden 2) nemen 3) wille 4) die 5) strecket 6) licht

sollen iz buzzen in deme chore also lange so die ebdisse gebudet und si dunkit daz ir gnug sy.

Von den die da fallent in dem core. XLV.

Welche ane hebet salm oder respons obe antiphene obe letze und da ane bedrogen wirt, si inotmudige sich zu hant mit buzzen vor den anderen allen, sie sal merre pine liden, wanne sie mit otmutkeide daz nit inwolde buzzen 5 daz sie mit versumekeide missedede.[1] Aber die jungen sal man umme sus gedane schult kestigen.

Von den die an kleinin dingin missedunt. XLVI.

Wylche suster arbeidet in der kuchenen ober inme kelre ober inme dineste ober inme garten ober in [2]) keineme ambete ober in keiner stat, und it da missedut obe zubrichit obe verluset: inkummet sie nit zu hant 10 vor die ebdisse und vor die samenunge und buzzet iz irs dankes und virmelde ir missedat, und wirt iz von einer anderen gecundiget, so sal sie merre buzze liden. Ist iz [3]) aber verholne sunde, so sal sie offenbaren der ebdissen oder der geistelichen susteren, die irs selbis wunden und fremeden geheilen kunnent. 15

Wie man sal kundigen daz gezyt. XLVII.

Die stunde des godes dinestes beide dag und nacht sal die ebdissen [4]) cundigen, oder bevele die sorge einer suster, daz iz allez citeliche irvullit werde. Salme und antiphonen ane hebent in irme core na [5]) der ebdissenen den iz geboden wirt. Ir keine ingedurre singen noch lesen, danne die daz ambet irvullen mag, daz ir gebezzeret werden die iz da horent, und daz 20 sal mit otmutkeide und mit vochten gewerden, und den iz die ebdissen gebudet.

Von der muskeide. XLVIII.

Alle muzzekeit ist vint der selen. Durch daz sollen die sustere zu gewiszen ziden unmuszig sin in arbeide der hende, und aber zu gewissen

[1] missedde [2] ime [3] Is ist [4] ebdissem [5] in na

ciden in der heilgen letzen. Umme daz sint beide disse zyt also gesatzit, daz sie von osteren biz zu den kalenden octobris des morges ¹) usz gan von primen cit biz an die virde zyt und arbeiden des si bedurfen zu irre notdurfte, aber von der virden zyt biz zu sexten die heilge scrift lesen. und na sexten alse von deme dische off stent, so gen rugen off irre bette vil stilliche. und iz daz ir keine lesen wil die wile, sie lesen also daz ir keine beswert inwerde. None sollen sie citheliche singen, als die echte stunde halb ist, und aber wirken daz in zu dune ist biz zu vesperen. Kummet iz aber so daz sie die not der stede oder daz armude twynget daz sie unmuszig muzzen wesen ²) an deme corne zu samene, so inunfrauwen sich nit, wande ³) so sint sie werliche nunnen, obe sie lebent von der arbeide ire hende, als die heilge vedere und die aposteln daden, und allez iedoch mit mazzen durch (11a) die crankmudigen.

Diuisio.

Dar na von den calenden octobris biz daz die virczig dage der vasten ane gent sollent sie in den letzen wesen biz zu der andern stunden des dages, und dan singen ir tercie, und vorbaz biz nonen arbeiden alle in irme werke daz in gesazt wirt, und also sie gehoren daz erste zeichen der nonen, so sunderen sich von dem werke, daz sie gereit sin als man daz andere zeichen ludet.

Diz ist von der vasten.

Ober in den dagen der vasten von des morges biz zu tercien sollen sie in irren letzen sin und fort biz zu der czenden stunden wirken daz in gesatzit wirt. In den selben virzig dagen so nemen alle sunderliche buch von der buchkamern und lesen sie genzliche ⁴) na dem ordine. Die sal man in geben alse die dage an gent. vor allen dingen sal man sezzen eyn suster oder zwo die daz closter umme gen zu den ziden so die sustere lesen sollent und sin daz kein da vunden inwerde muzzig oder mit ydelre reden die ir selber unnutze sin und auch den anderen. und ob diz etwanne geschiet von summilichere, so sal man sie berespen einis und aber, inbezzeret siz aber dan nit, so sal sie buzzen liden na der regelen und

1) morge⁸ 2) wesen muzzen *mit Umstellungszeichen* 3) wan die 4) gencliche

als soliche ¹) d*az* sich die anderen al fuchten. Noch keine suster ingevuge sich zu der andern an nutzeclicher stunden. Des sunnedages sollen sie alle muszig sin zu den letzen, ane die mit ambeten begriffen sint. Ist aber ir keine also trege d*az* sie inwolle oder inmoge denken noch lesen, der sal man it werkes bevelen, d*az* sie nit muszig ²) insin. Den susteren die sich sint oder verwenet, den sal man so mezlich werg setzen d*az* sie mitalle nit muzzig insin, noch auch von der arbeide nit besweret inwerden. Alsoliche crankeit sal die ebdissen myrken.

Diz ist auch vo*n* der vasten. XLIX.

Allein sullin die sustere alle zyt die vaste halden, wan unmanger disse dogent ist, durch d*az* ist d*az* gut und raden wir iz, d*az* in dissen virzig dagen iren lib huden mit aller reinikeide, und alle die versumunge andere zide in dissen heilgen dagen virdilgen. und d*az* geschiet ³) wirdecliche, obe wir uns twyngen von allen sunden und an sten de*m* gebede und dem ruwen des herzen mit weinunge und inthaben von der lipnarungen. Durch d*az* sollen wir in dissen dagen zu unseme gewonlicheme ⁴) dineste etwaz irmeren an sunderliche*m* gebede, an mezlichkeide der spisen, d*az* ein ieclich suster ubir die mazze die ir gesatzit ist etwaz unseme herren opfere von irme eigenen willen mit freuden des heilgen geistes. sie sal irme lichame abe ziegen von ezzene und von drinkene ⁵), von slafene, von sprechene, d*az* sie mit freuden der geistlichen gerunge irbeide der heilgen ostern. Iedoch waz ir keine gode oppern wil, d*az* sal sie dun mit rade und mit gebede und mit willen der ebdissen, wan d*az* da geschiet ane willen der geistelichen muder, d*az* wirt gezalt (11ᵇ) zu ideler eren, nit zu lone.

Die sustere di uz arbeidint. L.

Die suster die verre von de*m* clostere sint in arbeide und inmogen nit zu rechter cit czu core kummen ⁶), und die ebdissen wol ⁷) bekennet d*az* iz also ist, sie sollen godes dinste dun alda sie wirkint und ir venie suchen ⁸) mit godes vochten. Iecliche die off de*m* wege sint, sie insollen nit versumen die gesazte ⁹) zyt, danne si sollen irvullin godes dinest dar na d*az* sie mogen.

1) als solichte   2) muzig   3) gescheit   4) gevollicheme   5) drinkein   6) kummet
7) wole   8) suchent   9) gesazt

LI.   **Von den die da uz varent.**

Die sustere die umme ieliche rede uz varent und des selben dages hoffent weder zu kummen zu dem clostere, die insollen uzze nit ezzen, allein werdent siz gebeden, ir insi mit gebode der ebdissen. und dunt siz anders, so muzzen sie uz gescheiden werden.

LII.   **Von dem bedhuse.**

Daz bedehus daz sal mit rechte d*az* sin d*az* iz geheizzen ist. Noch nit insal man da inne dun, dan d*az* zu godes dinste gehoret. und als d*az* irvullit ist, so sollen sie alle mit groszer stille uz gan und got da midde eren, umme d*az*, abe kein suster sunderliche beden wil, daz sie von der anderen nit gehinderet inwerde. und iz d*az* ein andere gesweslicher [1]) beden wil, die ge dar holenbeciche [2]) und bede nit mit luder stymmen, weine mit trenen und mit ruwen des herzen. Durch d*az* wilge ire des geliches nit indut, der insal man nit gehengen in de*m* bedhus zu blibene, d*az* kein andere von ir gehynderet nit inwerde.

LIII.   **Dise letze ist von den gesten.**

Alle die geste die da kumment die sal man intfaen alse den heilgen Krist, wanne er anme lesten dage sprechen sal 'Ich waz gast und ir intfinget mich'. Den sal man allen *geliche* ere bieden und [3]) aller meist den die husgenoszen sint des glauben [4]) und den elenden. Also schiere so ein gast da gekundigit wirt, so sal die priolen ingein gan oder iecliche sustere mit otmutkeide und mit minnen, und zu aller erst sollen [5]) alsament beden, und also diz geendet ist, so gevogen sich zusamene mit de*m* kusse des friden durch die becarunge des duvels zu virmidene. In dem selben gruzze [6]) sal man ein groz otmutkeit irheben. In allen den zu kummenden und inweg varenden gesten sal man mit geneigede*m* heubit oder mit nider gestregteme licham den heilgen Crist ane beden, den [7]) man auch intfeit. und also die geste intfaen werdent, so sal man *sie* leiden zu irme gebede, und dar na sal die priolen sizzin mit yn oder ein andere der siz gebudet, und lese ein heilge letze der

---

1) gesweglicher 2) *mir unverständlich; der Text* (simpliciter) *erfordert* einvaldicliche 3) v. *dahinter* fi *radirt* 4) sint leuben 5) *danach* sie *radirt* 6) der selben grozze 7) die

sie gebezzeret werden. und dar na sal man in irbieden allez menslich gemach. Ir vaste sal die priolen brechen durch die geste, iz insin dan rechte vastedage die man gebrechen inmoge. Aber die andere sustere halden ire vaste na irre gewonheide. Die ebdissen selbe sal den gesten wazzer geben, und beide die ebdissen und alle die samenunge sollen in [1]) ir vuzze twan. Dar na sprechen dissen vers 'Suscepimus deus miam'. Der armen und (12a) der elenden sal man aller meist sorge han zu faene, wan an in intfeit man den heilgen gast Crist. Den richen wirt eren gnug irboden durch [2]) ir herschaft. die kuchgene der ebdissen und daz gasthus sollen sunder wesen, daz die susterin nit besweret inwerden von den gesten, die dicke unziteliche kumment [3]). zu der kuchenen sai man zwo sustere zu eime jare sezzen, die des dinestes plegen. Den sal man bereiden wes sie bedurfen, daz sie ane murmelunge dienen. und wylche zyt sie da minre ambetes hant, so gen uz al dar man in gebudet zu werke, und nit alleine dise, wene auch alle die die mit ambete bevangen sint halden diz gebot. Daz gasthus sal man bevelen einer suster die [4]) got vochte [5]) und irre sele sorge habe [6]), und da sal sin betgewant vollecliche, und alsus sal daz gasthus [7]) von den wisen luden wisliche bereidit sin allen den die iz bedurfen. keine suster insal sich zu den gesten gevugen noch bit in reden der iz nit geboden inwirt, wan begeinit [8]) sie in ober gesit sie sie, sie gruzze sie otmutliche und gesegene sie und scheide von in.

Von nemene und von gebene. LIV.

Keine suster inmuz von keineme irme mage noch von keime menschen nit intfain noch von in selbe under ein noch brife noch scrift noch keine gabe nemen oder geben ane gebot der ebdissen. und wirt it gesant von irren frunden, daz insal sie nit intfaen gedurren, iz insi der ebdissen aller erst gekundigit. und als iz [9]) intfaen wirt, so steit iz an der ebdissen gewelde zu gebene wem sie wolle. und der iz gesant was, sie inunfrauwe sich iz nit, daz der duvel kein ursache da invinde. Die aber anders dut, die muz der regel buzze liden.

---

1) ein   2) durch   3) kummet   4) die die   5) vochten   6) haben   7) godes hus   8) beginnit   9) alliz

LV.   **Dyse letze ist von den cleideren.**

Den sustern sal man gewant geben na der geleginheide des landes und der lude die da wonent, wan in den calden steden bedurfent [1]) siz me, in den warmen minre. Daz sal in der ebdissen underscheidinheide stan. Iedoch getruwen wir des daz den susteren in meslichen steden gnugen sollen einir ieclicher sunderliche eine cogele und eynen rog, die cogele des winters ru, des sumeres slecht, und auch einen scheplere durch daz werk, und socke und hosen. von der varben und der grupheide insollen die sustere nit clagen, wan alsolich so man iz vindet in deme lande da sie wonent und man iz aller lichste vergelden mag, daz sollen sie dragen. umme die mazze, daz sye noch zu curcz noch zu lang insin, des sal die ebdissen war nemen. wan sie daz nuwe entfaent, so sollen sie daz alde wider antwirtin in die gewantcamere durch die armen. (12ᵇ) Einer ieclicher suster genuge mit zwein rokken und zwo cogelen zu habene durch die nacht und durch daz wesene [2]). und iz da it ubere, daz ist uberenzig [3]), daz sal man abe nemen. Die man aber uz sendet, den sal man cogelen und rokke und eines deiles bezzere geben dan ir gewonheide sy, uz warende von der gewantcameren nemen und weder kummende aber weder antworten. Ir betgewant sal sin ein bambest und ein matte, ein lilachen und ein heubitpulbe, und die selben bette sollen [4]) von der ebdissen dikke ersucht [5]) werden, daz nit sunderliches insy, und wirt des da it wunden, daz die ebdissen nit gegeben inhat, die sal grozzer buzzen underligen. und daz diz ubel bitalle von in genomen werde [6]), durch daz sollen in von der ebdissen alle notdurfteclie sachen gegeben werden, daz ist cogele, rok, sokke, gurtel, mezzer, griffel, nalde, daz aller slachte [7]) ursach abe genomen werden. Die ebdissen sal auch daz mirken daz von den aposteln gescriben ist 'in wart [8]) sunderliche gedeilit alsus ieclichim noth waz' [9]). Alsus sal die ebdissen mirken die crankheit der bedurftigin, nit den bosen willen der nidegen. In allen dissen dingen sal sie godes widerlon vor den augen [10]) han.

LVI.   **Von der ebdissen dische.**

Der disch der ebdissen sal ummer mit elenden und mit gesten besazt syn. und kummet yz so daz nit geste da insint, so lade irre sustere dar,

1) bedurfet   2) = weschen   3) ubeenzig   4) sollēt, t *unterpunktiert*   5) ersuchᵗ
6) inwerde   7) allerslaste   8) ein wort   9) ieieclichem waz noch *mit Umstellungszeichen* über waz *und* noch   10) bygen

wilche sie willet. und iedoch besorge ¹) d*a*z, den susteren zu la*z*ene der
altfrawen eine oder zwo durch die zucht zu hudene.

Von den die da sunderlich werk dunt. LVII.

Sint ²) werkwib in deme clostere, die wirken ir werk mit aller otmud-
keide, obe iz die ebdissen gehenget. und iz daz ir keine sich irhebet von
irre liste, durch d*a*z d*a*z sie des dunket d*a*z sie deme clostere sere frome, ⁵
disse ³) alsus solich sal man abe dune von dem werke, daz siz nit me in-
beginne, iz in sy d*a*z sie sich otmudege ⁴) und iz ir die ebdissen aber
gebede. wirt da it werkes zu verkaufene, man sie dye iz uzer iren henden
geben sal, d*a*z sie nit obeles da mide indun, noch des geldes nit abe
inzieen und gedenken der zweire Ananie *und* Saphire, da*z* sie dot an ¹⁰
der selen nit inliden, den sie an deme libe nit intfinyn. Des sal man auch
huden d*a*z an de*m* verkaufene die gyrheit keine stat inhabe, dan man sal
iz luden geben die iz anderen luden gebyn in den worten d*a*z got in allen dyngen
gelobet werde.

Von den die von verrem dar ku*m*ment und da bliben wollent. ⁵) LVIII.

Kummet etliche suster die gerunge hat zu gotlicheme lebene ⁶), man ¹⁵
sal nit lichtliche irleuben in zu varen, wan als der apostolus sprichit 'man sal
besuchen obe der geist von gode sy'. und obe sie vollenhirte ⁷) clopene
funf dage und ungemach duldet und vollenbliben wil an irrem bedden, so sal
man ir ⁸) irleuben zu wesene in deme gasthuse u*n*manche dage. Dar na sal
man sie dun in der hus die (13a) unlanges dar kummen sint, d*a*z sie da wonen ²⁰
und ezzen und slafen. Da sal man ir eine alde frauwe vor sezzen die wogliche
si selen zu gewynnene, die sorgsamig ober sie sy und auch irvare abe sie
werliche got suche und abe sie sorge habe zu godes werke und zu gehor-
samkeide und zu alleme ungemache. Man sal ir vor sagen alle harte ding
und scharpe, da midde man zu gode wert get. und abe sie globet stedekeit ²⁵
zu vollenhirtene, na der zyt zwier mande so sal man ir dise regele lesen von
anbeginne biz an d*a*z ende und sal dan sprechen zu ir 'Suster, sich, dis ist
der orden under ⁹) den du gode dinen wilt. machs ¹⁰) du yn behalden, so

---

1) besorget   2) Sint ein   3) die sie (= hic talis)   4) otmutkeit   5) blibent
vollent   6) lebeme   7) wolle harte (= perseveraverit)   8) in   9) vñ der
10) mach"

kum zu uns, inmachs ¹) du aber des nit, so var frilichin hynnen.' Obe sie dan vollensteit, so leide man sie ²) wyder in daz gadem der nuwen sustere und besuche sie aber von irre geduldekeide. Syder na sehes manden sal man ir aber vor lesen dise regele, daz sie wizze umme waz sie dar kummen sy. und obe ³) sie noch danne vollensteit, na vir manden sal man ir dise regele aber vor lesen, und obe ³) sie dan mit irre frier wilcore gelobet allez daz zu hudene daz ir geboden wirt, so sal man sie intfaen in die samenunge, und sie wizze dan wol daz sie also gesatzit ist under die regele daz ir von dem dage vorwert unmuzlich ist uz zu varene von dem clostere und iren nac ⁴) zu scudene von dem joche der regelen ⁵). Noch dan sal sie kummen in daz gotshus und sal globene vor yn allen stedekeit irs lebenes und gehorsamkeit vor gode und sinen heilgen, obe sie anders it dut, daz sie sich wizze zu verdumene von gôdes halben den sie bespottet hat. Die bede alles des gelobedes sal sie mit urcunde dun der ⁶) heilgen mit namen die da resten und der gegenwurdigen ebdissen. Die selbe ⁷) bedde sal sie scriben mit irre hant, und ob siz nit incan, bide ein andere daz siz vor sie du, und neme dan den brif und lege in mit irre hant off den eltere und begynne zu sprechene dissen vers 'Suscipe me domine sedm'. Den vers sal die samenunge driwerbe antwortin, und zu dem dritten mal gl'a pri. Dan sal sich die suster vor irre aller wuzze sunderlich dar neder stregken und beden daz sie beden vor sie, und sider sal sie gezalt werden in die samenunge. Hat sie auch it habende, die sal sie entweder den armen da vor gegeben han, abe gebe sie dan zu dem clostere, so daz siz ir selbere nit inbehalde, wan sie vorware daz wizzen sal daz sie irs eigenen willen noch irs libes keine gewalt inhat. Dan sal sie uz dun zuhant ir eigen gewant und sal an dun des closteres gewant, unde daz ⁸) gewant daz sie uz dut, daz sal man gehalden legen in die gewantcamere, ob iz so kummet, daz got inwolle, durch (13b) des duvels rat, daz sie rumen und varen wolle von dem clostere, daz man ir daz geisteliche gewant uz zie und ir selbes kledere wieder gebe und alsus verstozze. Aber den brief irre beden sal sie ⁹) nit wieder nemen, wan er sal da behalden werden.

LIX. **Von den edeln luden.**

Kummet iz also daz etliche edel lude ir duchter opperen wollent gode zu dem clostere und sie noch ¹⁰) danne kint ist, irre frunt dun die bede mit

---

1) inmach^a 2) sie man sie 3) aber 4) nach 5) regelem 6) des 7) sebe
8) vñ die dz 9) sal, danach s übergeschrieben 10) doch

dem brife als hii vor gesprochın ist, und bevuinden danne der mede hant mit der beden in dem elterduche, und alsus opperen sie. Aber von irme gude so geloben in der gegenwordigen beden mit eide daz ir noch von in selben noch mit keime anderen noch keine wis nummer nit ingegeben ¹) dan abe sie ursache moge ²) nemen it zu habene. ob inwollent ³) sie des nit und it opfern wollent in almosenen zu dem clostere, so dun ir gift von deme gude daz sie dar geben wollent, und halden in selben den nutz, ob se wollent, und handelen diz allez also daz syder kein ursache der mede inblibe dan abe sie betrogen werde und verderben moge: wan diz han wir dikke wol bevonden. Zu gelicher wise sollen die dun die da arm sint. Die aber mitalle nit inhant, die opfern einfeldeclich ire bedde und oppernt ir doctere vor urkunde.

Von den elenden luden. LXI.

Kummet etliche elende suster von verreme lande und in gastes wise da wonen wil in deme clostere, und ir genuget die gewonheit die sie da vindet ⁴), noch mit keiner oberenzekeit inbedrubt die sustere, wan einveldecliche nemen wil daz sie da vindet, man sal sie intfain also lange so sie wil. und obe sie dede redelich und mit otmutkeit ⁵) der mynnen it berespet obe zeugit, daz sal die ⁶) ebdissen wisliche handeln, wan sie got lichte umbe daz dar gesant hat. ⁷) wylle sie aber dar na ir stedekeit bevesten, man insal irren ersten willen nit versagen, Dar umme allermeist wan man in der czit do sie gast waz ir leben wol undervarn mocht. Wirt ⁸) sie aber in der zyt gemirket in idelicheme lebene, so insal man sie nit intfan, dan man sal ir gutelichen sagen daz sie dannen scheyde, Daz kein andere von irre crankheide bewollen inwerde. Und iz daz sie solicht ist daz sie unwert sy zu verdribene, so sal man sie in die samenunge intfan ⁹), obe siz gebiede, und auch raden daz sie volleste dar umme daz ir die andere gebezzeret werden, wan in allen steden ist unseme herren zu dinene. Gesit sie auch die ebdissen solich wesen daz sie des wert sy, sie muz sie wol yn hoer stat setzen. Des sal auch die ebdissen ir gewarheit han daz sie keine suster *dic* von keime kundigeme clostere dar (14a) kummet, nit intfait ane ir ebdissen gehencnisse und ane ir brive, wan daz gescriben ist 'Daz du dir nit inwilt gescin, daz indu eim anderen nit'.

---

1) in gegeben   2) mogen   3) inwil   4) vindent   5) otmutclich   6) die die
7) han   8) Firt   9) intfant

LXIII. ## Wie sie irren orden halden sollen.

Irren orden sollen sie in dem clostere also halden also die zyt gewiset irre bekerungen und die wirdekeit irres lebenes und als die ebdissen gesezzet. Noch sie insal nummer betruben noch keine die ir bevolen ist noch keine friliche gewalt uben it unrechte sezzende, wene sie sal ummer vor denken d*az*
5 sie aller irre urtdeile gode rede geben sal. Durch d*az* al na de*n* ordene*n* die sie gesezzet obe die die sustere selbe hant so kummen ummer zu der pecen, zu unsers herne lichame, salme an zu hebene, in dem core zu stane, noch in keinen steden inwerde¹) keyn alder underscheiden in dem ordene, wan Samuel und Daniel die kint sie verdeiliden die pristere. Durch d*az* allein de*n*
10 uz beschide*n* die die ebdissen mit rade ober die andere gesatzit hat obe die sie neder gesatzit hat durch sumeliche schult, die andere sollen alle sin alse sie zu clostere kummen sint: alsus gedane wis, die in der anderen stunden des dages zu clostere kummen ist, die sal sich jungere bekennen der die zu erster stunden quam, welges alderes oder welger²) wirdikeide sie sy. Die
15 kint sal man in allen dingen zuchtelichen halden. Die jungen sollen ir obersten eren, die obersten sollen ir jungern mynnen, keyne suster inmuz die andere mit namen gruzzen, wan die obersten sollen ir jungeren heiszen suster und die jungen sollen ir obersten heizzen nunnen: d*az* ist muterliche zucht. Aber die ebdissen, wan sie Kristus ambet begeit in de*m* clostere, sie sal ge-
20 heizzen werden³) frauwe und ebdissen durch ere und durch mynne des heilgen Cristes. Sie sal auch denken und sal sich also arbiden d*az* sie wert sy der eren. wie so yn die sustere under zuschen begeinent, die jungere sal die segenunge heyschen von der obersten. Alse die alde kummet, die junge sal off stan und sal ir stat gen zu sitzene. Noch die jungere insal by der alden
25 nit sitzen, sie ingebidiz ir, also die scrift sprichit 'Mit eren under zusen vor gande'. Die cleine kint und junge sustere zu core und zu dische sollen sie mit zuchten volgine irme ordine. Da uzze und allenthalbene sollen sie hude han und zucht bit sie zu vernumsteclichy*m* aldere vollenkummet.

LXIV. ## Wie man die ebdissen welen sal.

In der wyungen der ebdissen sal man ummer die underzweiunge mirken,
30 d*az* die gesazt werde die alle die samenunge na godes vochten irkuset,

---

1) inwerden   2) welges   3) werde

obe auch d*a*z mynre deil der samenungen mit gancem rade irkuset. Myt wyrdigeme lebene und von lerungen der wysheide (14b) sal sie irkorn werden die man wyen sal, allein ist sie die nederste in de*m* ordine der samenungen. Kummet iz auch so, d*a*z got verbiede, d*a*z alle die samenunge eine persone mit gemeiny*m* rade irkuset die irren sunden gehengic ⁵ ist, und auch ire ¹) sunden dem bysschove de*n* die stat an horet abe eppeten obe ebdissen ob anderen kristene kundic worden sint, so sal man weren d*a*z gehengnisse der bosen corungen und sal de*m* godes hus gesezzen eyn wirdige meistern, und wizzen d*a*z vor war d*a*z sie guden lon intfayn sollen, ob siz mit godes vochten dunt, *und* also grosze sunde hant, so siz ver- ¹⁰ sument. Also die ebdissen gewiet wirdet, so gedenke sie ummer welche burden sie intfangen habe und weme sie rede geben sulle ²) irs ambetes, und wizze d*a*z daz ir recht ist zu fromene ³) me dan zu vor wesene ⁴). Sie sal sin geleret des godes ordene, d*a*z sie wizze wan abe sie vor bringe nuwe und alt. Sie sal auch reine sin und cusche, barmherzig *und sal ummer* ¹⁵ *die gnade setzen* uber ⁵) d*a*z recht, daz sie d*a*z selbe irvolge ⁶). Sie hazzen sal die sunden und mynnen die sustere. In den berespungen sal sie wyslich dun, d*a*z iz nit vil insy: wan wil sie den rost zu sere abe fegen, d*a*z vaz ⁷) mach lichte brechen, und sal ummer die brodikeit mirken und sal ummer gehogen d*a*z man den zuquetzseden halm nit zuriben insal. In ²⁰ allen dissen dingen inspreche wir nit d*a*z sie gehengen sollen den sunden, wanne wisliche und in der minnen sal sie sie abe nemen, alse sie sit d*a*z iz nutze ist, und flizze sich d*a*z sie me geminnet werde dan gevort. Sie insal nit arcwenig sin, wan so ingeruwet sie nummer. In allen iren geboden sal sie vorsichtig sin und geware. werder iz na gode sy ober na ²⁵ der werlde, Die werc ⁸) die sie bevelit zu dune, da ane sie halde ⁹) die underscheidunge herren Jacobs, der alsus sprach 'Ob ich du*n* arbeiden mine herten an gande ¹⁰) me dan sie liden mogen, sie sterbent alle einis dages'. Durch d*a*z sal sie alle disse urcunde der underscheidungen, die muder ist aller dogende, intfaen und sal iz allez so getemperen d*a*z die starken ³⁰ vinden des sie jerent und die cranken nit inflin. und in allen dingen behude disse regule: also wylche zyt sie wole gedinit hat ¹¹), d*a*z sie von unseme herren horen muzze ¹²) d*a*z der gude knecht horte, der sines herren

---

1) iren 2) sullen 3) fromde 4) uerwesene 5) aber 6) irvolgen 7) waz
8) were 9) halden 10) *lies* gange? 11) hant 12) muzzen

weizze zitelichen uz deilit: 'wor ware *ich* sagen uch daz er in uber allez sin gut sezzen sal'.

LXV. **Diz ist von den probesten.**

Iz geschit dikke daz von der wiungen der probsten grozze betrubunge wassent in den clostern, wan iecliche werden so irvullit mit dem ubelen geist der stolzheide, daz sie sich dunkent ander ebdissen wesende und wollent danne irn grimmen mut uben, dan abe zweiunge und misschellunge weset in dem clostere, und aller meist in den steden da die probesten gewiet ist von den selben die die ebdissen wient. und wie freislich daz sie, daz mag (10a) man lichte [1]) gemirken, wan von dem anbeginne der wyungen hat sie ursache zu stolzene, und ir gedenke sie dar zu haldent daz sie fri wenet wesen na der gewelde der ebdissen, wan sie von eime herren beide gewiet [2]) sint. Hin abe wachsent manch ubel: nit [3]), vergunst, bose rede, achtersprechen, zweiunge, misschellunge. und die wile die ebdissen und die probesten under ein misschelent, so sint ir beider selen in grozzen freissen, und die sustere die under sint und ir antwederre mede smeichent, sie gent in daz verlornisse. Daz ubel disses freisses geit [4]) weder off der heubit die alsus solich zu meisterscheffe gesazt hant. Durch daz dunket uns notdurftig wesen durch hude des friden und der minnen daz die ordenunge des closters ste in der ebdissen willen. und obe iz wesen mag, aller der nutze des closters [5]) werde besazt und geordenet von [6]) dechenen, als iz der ebdissen gevellet, umbe daz [7]), die wile daz iz manchen bevolen ist, daz ein nit instolze. und iz daz die stat des bedarf obe die [8]) samenunge des gebidet redeliche und mit otmudkeide und iz die ebdissen nutze dunket, wylge sie irkusit mit rade der sustere die got vochtent, die sezze sie selbe zu probesten. Idoch die selbe probsten, waz ir die ebdisse gebudet und bevilet, daz bege [9]) zuchtliche, und indu nit weder iren willen, wande [10]) also vile so sie irhaben ist vor den anderen, also vil bedarf sie sich sorglich zu gehuden die gebot der regelen. Die selbe probsten, wirt sie wunden schuldig an idelkeide ob an homude, ob daz sie die regele versmet, man sal sie manen mit worten virwerbe. Inbezzert sie nit, man sal sie berespen al na der regelen. Inwil sie noch dan nit buzzen, man sal sie intsezzen von irre probstyin und

---

1) manliche 2) gewient 3) mit 4) geit geit 5) closters deste 6) vü
7) dz iz 8) sie 9) lege 10) wan die

ein andere die iz wirdic ist an irre stat sezzen, und inwil sie in der samenunge gemeglich und gehorsam nit wesen, so sal man sie uzzer dem closter verdriben. Die ebdissen sal sich iedoch also wor denken, daz nit indu durch zorn und durch haz, wande¹) sie von allen irren urtdeilen gode rede geben sal.

Von der portenersen. LXVI.

Zu der porten des closters sal man eine alde sustere sezzen die wise sy und die kunne wort intfain und antworte geben, der alder keine lichte genge inplegen. Die sal han einin gadem by der porten, da sie alle die dar kummet ummer gereit vinden in antworte zu gebene. und alzuhant als ieman da cloppet ob ein arme rufet, so sal sie im antworten²) 'deo gracias' oder sal in segenen und mit getwedekeide der³) godes vochten sal sie snellichen antworten in der minnen. und ist iz⁴) daz sie bedarf einer helfen, sie neme zu ir ein junge suster. Daz closter sal also gesazt sin, ob iz wesen mag, daz allez des man bedarf innewendich dem termino bevangen sy: wazzer, molen, (10ᵇ) garten, bachus oder waz da not ist, dasz kein durf sy den susteren uz zu gane, wan iz irren selen nit infromet. Dise regele gebieden wir dikke zu lesene in der samenungen, daz keine suster von der unwizzekeide sich inschuldigen moge.

Von den die man uz sendet. LXVII.

Die sustere die man uz sendet, die sollen sich bevelen aller der anderen susteren gebede ob der ebdissen, und ummer zu dem lezzesteme gebede des godes dinstes sal man gehugnisse dun aller der die uz sint. Aber des selven dages so sie weder kummet von der virte, zu allen den geziden als godes dinest geendet ist, sollen sie sich nider⁵) zu der erden in deme bedhus alle die sustere biden, daz sie beden vor sie vor die missedat die sie uze gedan hant mit sine, mit horne, mit muzzigeme gecose, noch sie insollen keiner suster sagen waz sie da uzze gesin abe gehort hant, und ob siz dunt, sie muzzen ir busze dar umme dulden. Geliche buzze sollen sie lyden, wylge irgen gedar gan uzzer dem clostere ob it gedut ane der ebdissen gebot.

---

1) wan die 2 anworten 3) des 4) iz ist 5) ergänze streckende?

LXVIII. ## Von den den man swere dink gebudet.

Wirt einer suster it sweres aber it unmogeliches bevolen, sie sal daz gebot intfan mit getwedecheide und mit otmutkeide. und ist daz sie gesit die burden der arbeide ir mach uberwinden, so sage der die ubir ir iz ir crankheit geduldecliche, nit stolzende noch wieder strebende noch weder
5 sprechende. wilt aber die priolen vollenherten an irme gebode und sis nit irlozzen, so bekenne die jungere daz iz ir fromet, und getroste sich zu godes helfen und sy gehorsam in der mynnen.

LXIX. ## Niman muz den anderen beschirmin.

Des ist harte sere zu hudene daz keine suster ingedurre die andere bescirmen in deme clostere, allein sint sie auch mit magscheffe zu samene
10 gevuget, wan dan abe wyschet lichte ursache grozzer betrubungen. welche ir beginnet des, die sal scherpeliche berespit werden.

LXX. ## Niman inmuz den anderen slagen.

Man sal weren in dem clostere ursache aller slachte baltheide. wir sezzen und gebieden daz ir keine ir suster uz scheiden ob slan inmuzze, wan die gewalt hat von der ebdissen. Die da missedunt, die sal man vor
15 in allen berespen, dar umme daz die andere vochte haben [1]. Aber den kinden den sollen sie alle zuchteliche hude zu sezzen biz zu irme funfzehinden [2] jare des alderes, und daz vil redelichen und daz mit mazzen, wan welige ir die starkes alderes ist ane gebot der ebdissen sich irgremet ober die jungen ane underscheidunge, die sal buzze liden na der regelen, wan iz
20 gescriben ist 'Daz du nit inwilt daz dir geschie, des indu eineme andereme nit'.

LXXI. ## Von der gehorsamkeide die sie under inander haben sollen.

Die dogent der gehorsamkeide iz zu irbiedene von allen den susteren nit alleine der ebdissen, wan auch ein ieclich von der anderen under zuschen, und wizzen daz daz sie da mide varen sollen den wech zû gode wert. keine sun(16a)derliche gebot inhenge wir keinir zu setzene [3] wene ockert der ebdissen
25 ob den probesten die von ir gesazt werdent. Alle die jungeren sollen mit

---

1) habe 2) funfzegisten 3) setze

der mynnen gehorsamen irn alderen. wirt auch ir eine wederspenig wunden, die sal man berespen. Iz d*a*z ir eine umme sumeliche klein sache von der ebdissen *obe* von ire priolen yecliche wis berespit wirt und intsebet [1]) eine irren priolen mut [2]) erzurnet obe beweget ingegen [3]) sy, Alzuhant ane merunge sal sie gestrekket an die erde vor iren fuzzen ligen geotmudigit also lange ⁵ biz die bewegenge mit guden worten geheilit werde. wylche ir diz versmet, antweder sie insal der buzzen underligen, obe wirt sie widerstrebig, man verdribe sie uzer de*m* clostere.

Von deme guden ernste. LXXII.

Also bose also der ernestliche [4]) mut ist der bitterkeide der von gode scheidet [5]) und leidet zu der hellen, also gut ist der ernistliche mut 10 der senftekeide, der von den sunden scheidet und leidet zů gode und zu dem ewigen libe. Dissen selben ernst sollen die sustere uben mit der hizzen der mynnen, d*a*z sie sich under ein eren, d*a*z sie ir crankheit beide des libes und der selen geduldecliche verdragen, d*a*z sie gehorsamkeit under eyn halden. Irre keine innavolge de*m* d*a*z sie ir selber nuzze dunket, 15 wan d*a*z einer anderen nutze ist. Die minne sollen sie cusliche halden, got vochten, ir ebdissen mit reiner otmudkeide minnen. Sie insollen in nit liebes han vor den heilgen Crist, der uns alsament geleiden muz zu de*m* ewygen libe. amen·:·

Von der sezzungen der regelen. LXXIII.

Dise regele han wir gescribin umme d*a*z d*a*z wir da mide zeugen allen ²⁰ den die sie beginnen wollent d*a*z anbeginne irs bekernisses zu hudene und dan worwert gude side in de*m* clostere zu habene. und wilche da ilet zu durnechtigheide irs lebenes, sie mirke die lerunge der heilgen vedere, wan sie leidet den menschen zu der hoe der durnecheide. wo is irgen keine scrift ob keine gotliche lerunge des alden ob des nuwen urkundes, iz insy ²⁵ eine rechte regele des menslichen lebenes? Obe wilche buch der heilgen veddere insingit d*a*z selbe nit d*a*z wir mit rechtem laufe vollenkummen zu unse*m* sceppere? Die rede der veddere und irre sezzunge lebenes und

---

1) nit seb   2) muz   3) ingengen   4) ernest lichte   5) scheiden

die regele des heilgen vaders sancte Basilijn, waz ist anders dan eyn bereidunge der dogende allen den die rechte lebent und gehorsamkeit leistent? Aber uns tregen und unrechte lebenden und versumenden ist iz laster und schande. Durch daz du da iles zu dem hymmelschen lande, dise wenege
5 regele die da vor gescriben ist, die vollenbringe, so machs [1]) du zu letzes zu den meren (16b) werken der dogende und der lerungen die wir vor gesazt han mit godes beschirmunge vollekummen. A ·.·M ·.· E ·.· N.

Dise regele sal man alle czyt an heben an sancte Benedictus dage und an sancte Johannis baptisten dage und an sancte Michahelis dage und an der
10 octaven der kindelin, und sal sie lesen biz an sanctus Benedictus dag, dan sal man sie alle czit von erst an beginnen. Des nestes dages na sancte Lampertus dage so sal die sengeren zu capitele die manen die capitel heldet, daz sie absolvire die doden. so sal die die [2]) da capitel heldet sprechen alsus 'Anime fratrum et sororum et familiarium nostrorum hoc anno defunctorum
15 requiescant in pace'. so sal der convent antwirtin 'amen' und sollen sprechen 'De profundis' und sollen nider knyen zu kyrieleison und sprechen 'pater noster'. so sal die da capitel heldet sprechen 'Et ne nos ic Aporta in fe¹i. Erue domine animas eorum. Domine exaudi'.

Oremus.

Dominus venie largitor et humane salutis auctor, quesumus clementiam
20 tuam ut nostre congregacionis fratres et sorores et familiares qui ex hoc seculo transierunt beata Maria semper virgine intercedente cum omnibus sanctis ad perpetue beatitudinis consorcium pervenire concedas. Pater noster. Domine exaudi. Requiescant. Dar na sizzen nider. so sal die sengeren manen die die da capitel heldet, daz sie absolvire auch unse veddere und unser mudere
25 und ander unser frunde selen. So sal die die da capitel heldet sprechen 'patres matres fratres et sorores et consanguenei defuncti fratrum et sororum ordinis nostri requiescant in pace. amen.' Dar na sal sie sagen daz ein iclich suster sal lesen zehen seltere.

Patres matres et fratres et sorores requiescant in pace. amen.

1) mach[a]   2) der der

ANHANG.

Wir Bruder . . . . ¹⁾ Apt des Cloisters zu Erbach hielden vor sunde ²⁾ in dem junffrauwen cloister zu Gnadendail in dem jare als man zalte nach Cristi gebort dusent vier hundert viij vñ funfczig . . . . . . yuonis confessoris ³⁾, vnd vmb merer bestedigung ordelichs lebens vnd geistlicher zucht so han wir etliche artikel her naich dun schriben die wir von allen geordenten personen desselben cloisters wollen festeklichen gehalden werden. Zu dem ersten, daz vor allen dingen godis dinst mit merer vnd großer andacht vollenbracht vnd betzalt werde dan mit heer, vnd besunder daz die getzide vnser lieben frauwen vor den getziden des dages in dem chore gentzlich mit andacht vergolden werden vnd sich kein da von abe ziege an redeliche noit ader kranckheit. Item die stille oder swigen halden, daz da viel vnfriedens entheit, wollen wir daz daiz baß gehalden werde dan mit heer, vnd besunderlich in der kerchen, in dem crutzgange, off dem schlafhuse vnd in dem Rebeder, vnd welche junfrauwe daz freuelichen breche, heißen wir die ⁴⁾ pⁱorissen daz sie die in dem cappittel dar vmb hertlichen straiff vnd breche yre abe yr phrunde wins ⁵⁾. Item die wyl mentsliche nature von vngehorsamkeit vnser ersten eldern zu solicher gebrechlichkeit kommen ist, daz sie alletzyt me geneigit ist zu bösen suntlichen dan zu guden gotlichen wercken, vnd dar vmb der mentsche auch woil bedarff degelicher abewessunge vnd beßerunge solicher suntlichen wercke, wollen wir vnd heißen die pⁱorissen, daz sie allen dag mit den junffrauwen Capittell halde vnd da solich vorgerurt degeliche broche vnd versumeniß straiff vnd beßer naich dem mit heer in vnserm orden gewonheit vnd recht gewest ist, vnd wollen auch daz sich da von keyne junffrauwe abe cziege an redeliche orsache ader krangheit. Item gebieden wir by der penen der vngehorsamekeit, daz keine junffrauwe die von der aptissen ader ander

---

1) *Rasur, darüber* RichIII; *gemeint ist Abt Richwin*   2) *lies* vorscunge   3) *Rasur; danach die beiden letzten Wörter ausgestrichen und darüber* off sant peders vnd paulus dag   4) *hiernach* aptissen *oder mit schwärzerer Tinte übergeschrieben*   5) abe—wins *durchstrichen, dafür am Rande* prüd brotes halp abe

yre obersten vmb yre missedait gestrafft wurde ader anders vmb keynerleye sachen willen, yre clage da von dū yren frunden ader andern vßerlichen luden, want da von dicke schande vnd ergerunge kommit werntlichen luden vnd schade vnd vorderpniß der clöister. welche aber hie an schuldig funden wurde, setzen wir off die lichte scholt zu dragen eynen dag zu waßer vnd zu brode vnd yre wilen beraubt werden. Item gebieden wir strengelichen daz die junffrauwen gehorsam syn yre aptissen, vnd keyne sich widder sie setze mit vngehorsamen vbermudigen drauwe ader scheltworten. welche aber heer vbir brūchig funden wurde, heyßen wir vnsern bichter daz er soliche eyns, zwernit, drywerbe mane. stellit sie dan soliche vngehorsam vbermudikeit nit abe vnd beßert die nach ordens recht demudiclichen, heyßen wir vnsern bichter zu vns heyme geyn Erbach kommen vnd vor yn fort me keyn gods recht dun als lange bit soliche vbermudikeyt ordeliche gebeßert werde. Item gebieden wir der aptissen daz sie keyner vrlaup gebe vß dem cloister an redeliche orsache, vnd sall auch die aptissen nach gestelteniß yre sachen dar vmb sie orlaup nemen vß zu faren, den junffrauwen yr zyt zu redelichkeit prūffen vnd setzen widder in zu kommen. Vnd were iß sache daz eynche junffrauwe vbir soliche yre gesatzte zyt von ir aptissen lenger vßbliebe an orlaup, heyßen wir die aptissen soliche beßern als eyn abtrunnige nonne nach des ordens gesetze. Item gebieden wir daz die junffrauwen die orlaup nemen vß dem cloister zu yren frunden ader zu andern yren sachen, daz die als in dem cloister also auch vßwendig des cloisters yre wyeln off dragen, dan sie da von beide lone nemē von gode vnd loip von dem menschen. welche aber mit freuell solichs nit dun enwolde, heißen wir die eptissen dz sie solicher keynen orlaup geben sulle vnd dar zu vmb versmeheniß vnsers gebods hertlichen straiffen. Item verbieden wir by der penen der vngehorsamkeit daz keyn junffrauwe sunderlich gespreche habe mit mans personen, sie syen geistliche oder werntliche, an sunderlichen oder heymelichen steden, da vß man keyn gud gemerken mag. welche hier in bruchig funden wurde, setzen wir off eyn dag zu fasten zu waßer vnd brode. Item dz alle clage vnd murmurunge des vorgerurten vnsers gebots von den junffrauwen enthaben werde, heißen wir vnd gebieden der aptissen, daz sie ir husgesinde abents nach dem abenteßen zitlichn̄ von yrem huse laß geen vnd nach dem ymß fortme abents keyn geseße mit yne enhabe. Vnd were iß dz eynche von den junffrauwen dar affter keynen von yrem gesinde in zoge oder off hielde, heißen wir die dar vmb hertlichn̄ straiffen vnd yre yr phrunde eynen dag abe brechen.

Item verbieden wir by der penen des ordens dar vber gesatzt, daz keyn junffrauwe keynen mentschen, in welchem staid daz sy, keyn kint vß dem dauff heben, want daz hertlich in vnserm orden verboden ist. Item verbieden wir daz keyn junffrauwe fleisch eße vßwendig des siechhuß an sunderliche laube der eptissen. welche dar widder dede, setzen wir off zu penen eynen ganczen mand an fleiß zu syn. Vnd besunderlich daz keyn junffrauwe fleisch eß von dem sundag an septuagesia mit zu den heilgen oistern. welche heer widder dede, als manchen dag sie breche in der zyt, als manchen dag sall sie nach der heilgen oisterlichen zyt sin an fleisch. Item verbieden wir der Aptissen daz sie keyner junffrauwen orlaup gebe vor die porte von dem sondage septuagesia vnd dry wochen dar nach, daz ist mit inuocatur, want werntliche lude da von ergerunge nement vnd auch daz den junffrauwen wenig notzs brengit. Item vedammen wir alle vnordeliche kleidunge vnd werntlichen glantze an cappen, rantzen, lynė wait, vnordelichen prisen an paternoster, fingerlin, vnd heißen die aptissen, an welcher sie soliche findet, daz sie daz geweldeclichen neme vnd die dar vmb hertliche straiffe [1]). Item gebieden wir der aptissen vnd priorissen daz sie wair nemen daz daz schlaffhuß zytliche nach complete beschloßen werde, vnd welche junffrauwe dar affter da von bliebe, die heißen wir dar vmb hertliche straiffen. vnd wollen auch daz die junffrauwen nit gedeilt als mit heer off beiden schlaffhusern ligen, sonder nach vnser ordenierung all by eynander off dem obersten schlaffhuse ligen. nach dem auch vnser heilger regell . . . .

Zu dem lesten begeren wir daz die junffrauwen vnder eynander friedelich sin vnd keyn die ander vbergebe . . . . [2]) meyne, die heißen wir abe scheiden vor den conuent, vnd sal der bichter vor yre dry misse dun . . . . . . waßer vnd broit eßen also lange bit daz sie soliche vnfredelichkeyt abestelt. Dise kart wollen wir zu vier zyden in dem jair gelesen werden, off daz sich keyne von vnwißenheit moge entschuldigen. Datum primo die et loco q¹b⁹ supra [3]).

---

1) *Von* Item (Z. 13) — straiffe *ausgestrichen, dafür am Rande einige unleserliche Worte von später Hand* 2) *hier sind 1—2 Zeilen unlesbar, da das Pergamentblatt zwischen Quaternio 1 und 2 der Handschrift durchgeht* 3) *die folgende Zeile, und damit der Schluss der Urkunde abgeschnitten.*

Anmerkungen.

1, 1 *uers*; ähnlich *ruen* 2, 14 = mhd. *ruowen*, und 14, 7. 24, 16 = mhd. *riuwen*; auch *berunisses* 16, 2. — 1, 2 *irwullit*. Für *vu* wird in der Regel *wu* geschrieben, vgl. noch 2, 29. 3, 5. 11. 24. 4, 27. 5, 18. 8. 3. 8. 18. 24. 10, 9. 11, 12. 13, 21. 16, Ueberschr. 20, 2. 23, 18. 24, 25. 30, 20. 32, 20. 36, 28, 39, 1; zweimal *wo* in *gewogen* 28, 30, *wogliche* 31, 21, einmal *vo* in *gevonden* 33, 9. Seltener ist *wo* für *vo: worte(n)* 6, 15. 8, 1. 10. 10, 3. 13, 3, *worware* 36, 1, *wordenken* 37, 3, *worwert* 39, 22. Auch einfaches *w* für *wo: zugewrffen* 5, 25. Sonst werden noch bisweilen *von* und *wan* verwechselt: *wan* für *von* 6, 11. 11, 22, *van* 9, 5. 13, 23, *vant* 1, 14 für *wan*. Auch die wenigen sonstigen *w* für *v* und *v* für *w* werden wol nur Schreibversehen sein. — 1, 3 *kummet*. Diese Formen sind nur im Anfang belegt, 1, 5. 17 (2). 19. 20 (2). Eine 1. Plur. auf *-nt: vernement wir* 2, 14. — 1, 11 *zu gehorsame*; vgl. *die ungehorsam schaf* 4, 9, *licham(e)* Dat. Acc. 3, 6. 6, 24. 28, 23. 34, 7 u. ä. — 2, 3 *lespen*; ebenso stets *berespen* 4, 15. 31. 5, 1. 7. 14, 18. 16, 27. 17, 1. 18, 30. 24, 12. 26, 28. 33, 16. 35, 17. 36, 30. 38, 11. 15. 39, 2. 3. — 2, 3 *inkein* noch 6, 23. 14, 4; *nichein* 4, 19. — 2, 8. *zeuget* war statt *zuget* zu schreiben, weil die BR. nur dieses (übrigens im allgemeinen specifisch westdeutsche) Wort statt *zeigen* anwendet: 2, 15. 4, 12. 32. 9, 1. 16. 27. 11, 24. 32. 13, 3. 33, 16. 39, 20. Doch muß *zeigen* daneben in der Mundart bestanden haben, denn nur aus der Parallele *zeigen : zeugen* kann ich mir Formen wie *zeuchene* 15, 3, *geneugetim* 13, 5 erklären (anders Weinhold § 124). — 2, 21 *danne* = *wan* 8, 17. 12, 26. 14, 16. 15, 5. 16, 16. 18, 1. 21, 12. 27, 28, *dann* 12, 17, *dan* 13, 2. 18, 12. 24, 24. — 2, 26 *hin abe* = 'hiervon' noch 36, 12, *hyn abe* 18, 27; ebenso *dan abe* 10, 30. 33, 4. 8. 36, 6, 38, 10, *wan abe* 35, 14 (vgl. auch 22, 13 und *nirgen abe* 21, 16). Diese Bildungen sind für die rheinischen Mundarten charakteristisch und in den Urkunden häufig belegt (z. B. *dan abe* Höfer II, 223. Wenck I, 162, *dan aue* Lac. II, 572. 1065 f., *dan(e) af* Lac. III, 400, 432. Günther III, 223. 593. 619 etc.). Mehrere Belege bietet Eschenburg's Hs. des Morolf, z. B. im Spruchgedicht *hin abe* 102, *dan abe* 251. — 2, 28 *cimmereth*; wegen des *th* vgl. 6, 18. 15, 9. 13. 16, 13. 17, 23. 18, 2. 19, 11. 22, 11. 17. 30, 26. — 3, 23 *du* statt *di* ist selten, 4, 32. 15, 11. 17, 25. — **3, 30** *jungerse(n)* noch 3, 30. 31. 4, 11. 14. 6, 8 etc.; ebenso *hirdersen* 4, 2, *meistersen* 6, 9, *murmelersen* 7, 5, *achtersprechersen* 7, 5, *kelnersen* 17, Ueberschr. 25. 19, 24. 20, 3, 29. 21, 26, *wochenersen* 20, 5. 8. 21, 17 neben *meisteren* 4, 32. 8, 9. 20. 9, 7. 9. 11, 32. 35, 9 und *sengeren* 40, 12. 23. — **3, 32** (Note 6) lies *me^{i}ster-* statt *me^{i}ster*. — **4, 3** *vernumstigin*; so stets, s. 5, 6. 17. 11, 3. 34, 28. — **4, 17** *du hetzte* für *du hazte* (Weinhold § 402); vgl. *du dedes* 11, 9, *seges du* 4, 19, neben *du sege* 4, 18. — **5, 13** *geischet*; dagegen *heischen* 21, 14, *heyschen* 34, 23. — **6, 9** *rethe*; vgl. *bigithe* 12, 6. — **6, 18** *ockert* noch 6, 18. 21, 12. 20. 24, 32. 38, 24. Das Wort ist (in Westdeutschland wenigstens) specifisch für Hessen-Nassau, wo es auch jetzt noch gebräuchlich ist, Vilmar, Idiotikon 290, Kehrein, Volkssprache in Nassau I, 37. Südlich vom Main ist es bezeugt für Otterburg, Frey und Remling 458, und Rodenbach bei Kaiserslautern oder bei Göllheim, Weist. V, 625. — **8, 6** *alsus solich* noch 31, 6. 36, 17. Dazu vgl. *so sulch* Rossel S. 914, *als sulchin* Baur III, 1152, *ase sulch* Höfer II, 123, *also sulich* Lac. II, 537. 542. 572. — **9, 3** *dorechtigen* ist nach dem Lat. in *dornechtigen* zu bessern. — **13, 1** *willet* nur hier; sonst lautet die 3. Sg. *wil* 22, 13. 24, 13. 36, 31 oder *will* 14, 18. 15, 11. 17, 3. 38, 5, auch *wylle sie* 33, 18; die 2. Sg. immer *wilt* 2, 2. 6, 23 etc. — **15, 11** *gesweglicher* für *gesweslicher*; derselbe Fehler 16, 14. 28, 9. An einen Lautübergang kann ich hier ebenso wenig denken als bei *-slaste* für *slahte* 19, 16. 30, 24. — **17, 6.** **22** *uzscheiungen*. Ist das Fehlen des *d* mehr als zufällig? — **17, 23** *antwir*; vgl. *antweder(re)* 23, 9. 36, 16. 39, 7 neben *entweder* 32, 22. — **19, 13** *otmutkeide* ist sicher in *otmudge* zu bessern. — **20, 21** *ubcrenzikeide*, dazu *oberenzkeit* 21, 28. 33, 14, *ubcrenzig* 30, 14. Das Wort *ubcrenzig* ist specifisch westmitteldeutsch. Urkundlich kann ich es belegen für Kreuznach (Arch. f. hess. Gesch. XV, 276), Grünenberg (Diefenbach-Wülcker S. 879). Speyer (Höfer II, 35), Mettlach (Weist. II, 61), sowie *ubcrenze* Adv. für Cöln (Lac. III, 170). Für Aschaffenburg bezeugt das Wort Schmeller I^2, 148, für Hessen Vilmar, Idiotikon 420. *Ubcrenzig* ist übrigens gewiss nicht Compositum, sondern Ableitung von einem Verbum *ubcrenzen* = got. **ufaratjan* in *ufarassus*. — **21, 15** *icelicheme* für *etlicheme*. Dieselbe Vertauschung noch 28, 18. 36, 4. 39, 3; die Vorlage wird *eclicheme* gehabt haben. Uebergang von unbetontem *-entlich* in *-enclich* ist in den rheinischen Urkunden ja sehr geläufig (vgl. Weinhold § 218). — **22, 24** *mildewoche*; ich kenne diese Form sonst nicht. Ist es bloss Schreibfehler? — **23, 4** *vollenbringen* nur hier; sonst, 1, 8. 3, 11. 6, 23 etc., natürlich nur *brengen*. — **30, 7** *varben*; vgl. *-pulbe* 30, 18. — **34, 24** *gen* für *geben* (F. Vogt, Salman und Morolf C) ist rheinfränkisch sehr spärlich belegt; ich finde in Otterburg ein *gent*, Frey und Remling 458. — **38**, 16 *funfzegisten* hätte vielleicht nicht in *funfzchinden* corrigirt werden sollen, da es nach S. XI als *funfzê(g)isten* gefasst werden kann. Zu den von K. Schröder, Germ. XV, 423 und Weinhold § 338 aus der Mainzer Gegend und der Wetterau beigebrachten Belegen kann ich noch *nuntzehisten* Langenselbold, Weist. III, 422, und *achtzehensten* Büdingen, ib. III, 432, nachtragen.